★★★　　★★
서술형 문제로 개념 잡는
THE GRAMMAR SPY

진짜
초등 영문법 ①

예문사

구성과 특징

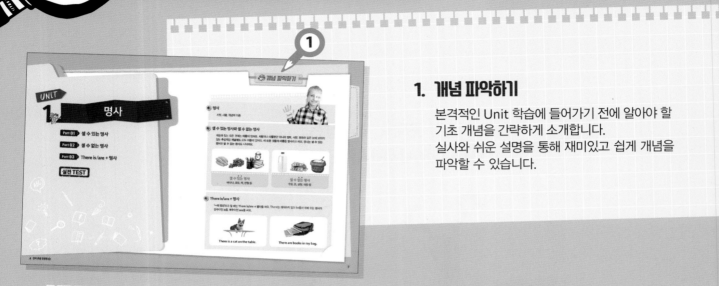

1. 개념 파악하기

본격적인 Unit 학습에 들어가기 전에 알아야 할
기초 개념을 간략하게 소개합니다.
실사와 쉬운 설명을 통해 재미있고 쉽게 개념을
파악할 수 있습니다.

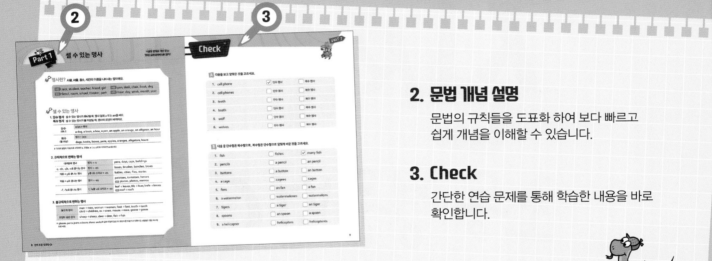

2. 문법 개념 설명

문법의 규칙들을 도표화 하여 보다 빠르고
쉽게 개념을 이해할 수 있습니다.

3. Check

간단한 연습 문제를 통해 학습한 내용을 바로
확인합니다.

★ Workbook ★

각 Unit의 Part별 주요 규칙을 간단하게 정리를
하고, 주어진 단어를 문법에 맞도록 변형하여 문장을
완성하는 연습을 할 수 있습니다.

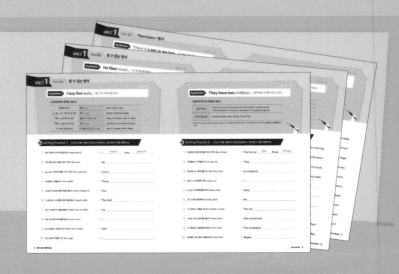

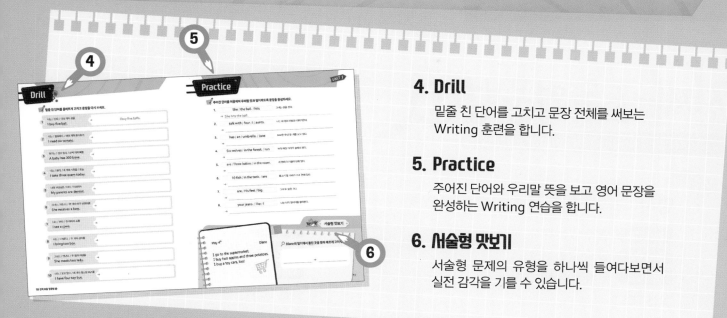

4. Drill

밑줄 친 단어를 올바르게 고치고 문장 전체를 써보는
Writing 훈련을 합니다.

5. Practice

주어진 단어와 우리말 뜻을 보고 영어 문장을
완성하는 Writing 연습을 합니다.

6. 서술형 맛보기

서술형 문제의 유형을 하나씩 들여다보면서
실전 감각을 기를 수 있습니다.

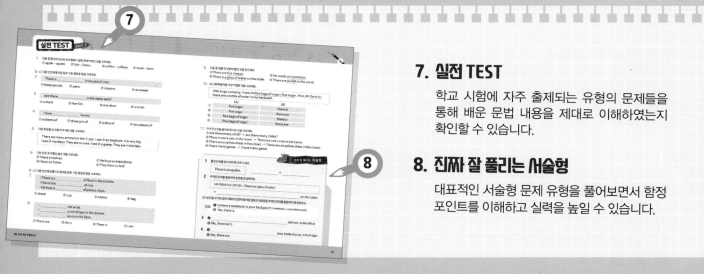

7. 실전 TEST

학교 시험에 자주 출제되는 유형의 문제들을
통해 배운 문법 내용을 제대로 이해하였는지
확인할 수 있습니다.

8. 진짜 잘 풀리는 서술형

대표적인 서술형 문제 유형을 풀어보면서 함정
포인트를 이해하고 실력을 높일 수 있습니다.

Wordbook

각 Unit별 30개의 주요 단어를 문장과 함께
제시하였고 2회분의 테스트도 수록하였습니다.

Contents

진짜 초등 영문법 ①

Advanced English Grammar Series

Syllabus

진짜 초등 영문법 ②
Advanced English Grammar Series

UNIT

1

명사

Part 01 ▸ 셀 수 있는 명사

Part 02 ▸ 셀 수 없는 명사

Part 03 ▸ There is/are + 명사

실전 TEST

⭐ 명사

사람, 사물, 개념의 이름

⭐ 셀 수 있는 명사와 셀 수 없는 명사

세상에 있는 모든 것에는 **이름**이 있어요. **사람**이나 **사물**뿐만 아니라 행복, 사랑, 평화와 같은 눈에 보이지 않는 **추상적인 개념에도** 모두 이름이 있어요. **이 모든 것들의 이름을 명사**라고 해요. 명사는 **셀 수 있는 명사**와 **셀 수 없는 명사**로 나뉘어요.

셀 수 있는 명사
바나나, 포도, 책, 연필 등

셀 수 없는 명사
우유, 돈, 설탕, 사랑 등

⭐ There is/are + 명사

'**~이 있다**'라고 할 때는 **There is/are + 명사**를 써요. There는 해석하지 않고 be동사 뒤에 오는 명사가 단수이면 **is**를, 복수이면 **are**를 써요.

There is a cat on the table.

There are books in my bag.

셀 수 있는 명사

명사란? **사람**, **사물**, **장소**, **시간**의 이름을 나타내는 말이에요.

사람	Jack, student, teacher, friend, girl
장소	Seoul, room, school, theater, park
사물	pen, desk, chair, book, dog
시간	hour, day, week, month, year

셀 수 있는 명사

1. **단수 명사** 셀 수 있는 명사가 **하나**일 때, 명사 앞에 a 또는 an을 써요.
복수 명사 셀 수 있는 명사가 **둘 이상**일 때, 명사의 모양이 바뀌어요.

단수 (하나)	a/an + 명사
	a dog, **a** book, **a** box, **a** pen, **an** apple, **an** orange, **an** alligator, **an** hour
복수 (둘 이상)	명사 + (e)s
	dog**s**, book**s**, boxe**s**, pen**s**, apple**s**, orange**s**, alligator**s**, hour**s**

※ 단어의 발음이 자음으로 시작하면 **a**, 모음(**a**. **e**. **i**. **o**. **u**)으로 시작하면 **an**을 써요.

2. 규칙적으로 변하는 명사

대부분의 명사	명사 + -s	pens, days, cups, buildings
-s, -sh, -ch, -x로 끝나는 명사	명사 + -es	buses, brushes, benches, boxes
자음 + y로 끝나는 명사	y를 i로 고치고 + -es	babies, cities, flies, stories
자음 + o로 끝나는 명사	명사 + -es	potatoes, tomatoes, heroes 예외 pianos, photos, memos
-f, -fe로 끝나는 명사	f, fe를 v로 고치고 + -es	leaf → leaves, life → lives, knife → knives 예외 roof → roofs

3. 불규칙적으로 변하는 명사

불규칙 명사	man → men, woman → women, foot → feet, tooth → teeth child → children, ox → oxen, mouse → mice, goose → geese
모양이 같은 명사	sheep → sheep, deer → deer, fish → fish

※ glasses, pants, jeans, scissors, shoes, socks와 같이 모양이 같은 두 개의 다른 부분으로 이루어진 사물들은 항상 복수형으로 써요.

Check

A 다음을 보고 알맞은 것을 고르세요.

1. cell phone	✓ 단수 명사	☐ 복수 명사
2. cell phones	☐ 단수 명사	☐ 복수 명사
3. teeth	☐ 단수 명사	☐ 복수 명사
4. tooth	☐ 단수 명사	☐ 복수 명사
5. wolf	☐ 단수 명사	☐ 복수 명사
6. wolves	☐ 단수 명사	☐ 복수 명사

B 다음 중 단수형은 복수형으로, 복수형은 단수형으로 알맞게 바꾼 것을 고르세요.

1. fish	☐ fishes	✓ many fish
2. pencils	☐ a pencil	☐ an pencil
3. buttons	☐ a button	☐ an button
4. a cage	☐ cagees	☐ cages
5. fans	☐ an fan	☐ a fan
6. a watermelon	☐ watermelones	☐ watermelons
7. tigers	☐ a tiger	☐ an tiger
8. spoons	☐ an spoon	☐ a spoon
9. a helicopter	☐ helicopters	☐ helicopteres

밑줄 친 단어를 올바르게 고치고 문장을 다시 쓰세요.

1 나는 / 산다. / 다섯 개의 공을
I buy five ball.
→ I buy five balls.

2 나는 / 필요하다. / 여섯 개의 토마토가
I need six tomato.
→

3 아기는 / 갖고 있다. / 삼백 개의 뼈를
A baby has 300 bone.
→

4 나는 / 본다. / 세 개의 시험을 / 오늘
I take three exam today.
→

5 나의 부모님은 / 이다. / 치과의사
My parents are dentist.
→

6 그녀는 / 받는다. / 한 개의 야구 방망이를
She receives a bats.
→

7 나는 / 본다. / 한 마리의 소를
I see a cows.
→

8 나는 / 가져온다. / 두 개의 상자를
I bring two box.
→

9 그녀는 / 만난다. / 두 명의 여성을
She meets two lady.
→

10 나는 / 갖고 있다. / 네 개의 장난감 버스를
I have four toy bus.
→

Practice

 주어진 단어를 이용하여 우리말 뜻과 일치하도록 문장을 완성하세요.

1. She / the ball. / hits   그녀는 공을 친다.

    → She hits the ball.

2. talk with / four / I / aunts.   나는 네 명의 이모와 이야기한다.

    →

3. has / an / umbrella. / Jane   Jane은 우산 한 개를 갖고 있다.

    →

4. Six wolves / in the forest. / run   늑대 여섯 마리가 숲에서 뛴다.

    →

5. are / Three babies / in the room.   세 명의 아기들이 방에 있다.

    →

6. 10 fish / in the tank. / are   물고기 열 마리가 수조 안에 있다.

    →

7. are / His feet / big.   그의 두 발은 크다.

    →

8. your jeans. / like / I   나는 너의 청바지를 좋아한다.

    →

서술형 맛보기

May 4th   Diane

I go to the supermarket.
I buy two apples and three potatoes.
I buy a toy cars, too!

🔍 **Diane의 일기에서 틀린 곳을 찾아 바르게 고치세요.**

_____ → _____

11

셀 수 없는 명사

셀 수 없는 명사의 종류

고유한 이름	Chris, Korea, New York, Mt. Everest 등
물질(고체, 액체, 기체)	gold, butter, sugar, bread, rice, water, milk, money, furniture, air 등
과목, 운동, 게임	math, soccer, tennis, chess 등
추상적인 개념	love, peace, hope, time, health, music, news 등

※고유 명사의 첫 글자는 항상 대문자로 써요.

Kate is from **L**ondon. (Kate는 런던 출신이다.)
I live in **S**eoul. (나는 서울에 산다.)

셀 수 없는 명사의 수 표현

1. 셀 수 없는 명사 a나 an을 붙이거나 복수형으로 쓰지 않아요.

A ~~butter~~ is bad for your health. (버터는 건강에 나쁘다.) ➔ **Butter** is bad for your health.

~~Sugars~~ is sweet. (설탕은 달다.) ➔ **Sugar** is sweet.

He likes ~~a milk~~. (그는 우유를 좋아한다.) ➔ He likes **milk**.

I have ~~two moneys~~. (나는 돈이 있다.) ➔ I have **money**.

2. 셀 수 없는 명사 '단위를 나타내는 표현'과 함께 써서 수량을 나타내요.

a cup of coffee	커피 한 잔	**two cups of** tea	차 두 잔
a glass of milk	우유 한 잔	**two glasses of** water	물 두 잔
a bottle of juice	주스 한 병	**two bottles of** wine	와인 두 병
a piece of cake	케이크 한 조각	**two pieces of** paper	종이 두 장
a slice of cheese	치즈 한 장	**two slices of** pizza	피자 두 조각
a loaf of bread	빵 한 덩어리	**two loaves of** bread	빵 두 덩어리
a bowl of soup	수프 한 그릇	**two bowls of** rice	밥 두 그릇

※ 여러 개의 수량을 나타낼 때, 셀 수 없는 명사는 복수형으로 쓰지 않고 **단위 명사**만 복수형으로 써요.

Check

A 다음 중 셀 수 없는 명사에 체크하세요.

1.	☑ China	☐	cell phone
2.	☐ sugar	☐	bag
3.	☐ book	☐	paper
4.	☐ cheese	☐	idea
5.	☐ station	☐	happiness
6.	☐ can	☐	love

B 다음 명사의 수량을 알맞게 표현한 것에 체크하세요.

1. 케이크 한 조각	☐ a bowl of cake	☑	a piece of cake
2. 물 두 잔	☐ two glasses of water	☐	two slices of water
3. 차 세 잔	☐ three loaves of tea	☐	three cups of tea
4. 밥 다섯 그릇	☐ five bowls of rice	☐	five bottles of rice
5. 빵 네 덩어리	☐ four loaves of bread	☐	four glasses of bread
6. 피자 한 조각	☐ a cup of pizza	☐	a slice of pizza
7. 빵 두 덩어리	☐ two bowls of bread	☐	two loaves of bread
8. 주스 두 잔	☐ two glasses of juice	☐	two pieces of juice
9. 수프 세 그릇	☐ three cups of soup	☐	three bowls of soup

Drill

✏️ 밑줄 친 단어를 올바르게 고치고 문장을 다시 쓰세요.

1 나는 / 만든다. / 딸기잼 여섯 병을
I make six <u>bottle</u> of strawberry jam. → I make six bottles of strawberry jam.

2 금 한 덩이가 / 있다. / 가방 안에
<u>Bars</u> of gold is in the bag. →

3 넣어라. / 설탕 한 스푼을 / 우유에
Put <u>two spoonful</u> of sugar in milk. →

4 나의 남동생은 / 산다. / 밀가루 세 봉지를
My brother buys <u>a bag</u> of flour. →

5 Hailey는 / 가지고 있다. / 오렌지 주스 두 병을
Hailey has <u>a bottle</u> of juice. →

6 그녀는 / 먹는다. / 피자 세 조각을
She eats <u>a slice</u> of pizza. →

7 Mark는 / 마신다. / 우유 한 잔을
Mark drinks <u>three glass</u> of milk. →

8 나는 / 필요하다. / 설탕 세 봉지가
I need <u>a bag</u> of sugar. →

9 나의 엄마는 / 산다. / 참치 캔 다섯 개를
My mom buys <u>a can</u> of tuna. →

10 그는 / 가져온다. / 화장지 한 롤을
He brings <u>three rolls</u> of toilet paper. →

주어진 단어를 이용하여 우리말 뜻과 일치하도록 문장을 완성하세요.

1.   We / five bottles / need / of water.   우리는 물 다섯 병이 필요하다.

→ We need five bottles of water.

2.   a bowl / of corn soup. / I / make   나는 옥수수 수프 한 그릇을 만든다.

→ _____

3.   a bowl / of rice. / eats / He   그는 밥 한 그릇을 먹는다.

→ _____

4.   a bar / He / buys / of soap.   그는 비누 한 개를 산다.

→ _____

5.   melt / I / two bars / of chocolate.   나는 초콜릿 두 개를 녹인다.

→ _____

6.   a jar / Jen / needs / of honey.   Jen은 꿀 한 병이 필요하다.

→ _____

7.   of salt / Zoey / puts / a teaspoon / in the soup.   Zoey는 소금 한 스푼을 수프에 넣는다.

→ _____

8.   five boxes / of cereal. / I / buy   나는 시리얼 다섯 상자를 산다.

→ _____

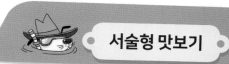

서술형 맛보기

🔍 왼쪽 사진과 대화를 보고 마지막 문장을 완성하세요.

Ⓐ Hello. How can I help you?

Ⓑ Hi. Can I get cherry cake?

Ⓐ How many pieces do you need?

Ⓑ I need _____ _____ _____ cherry cake.

There is/are + 명사

There is/are + 명사의 형태

There is/are + 명사는 '~이 있다'라는 의미로, there는 '거기'라고 해석하지 않아요. be동사 뒤에 오는 명사가 단수이면 There is를, 복수이면 There are를 써요.

There is + 단수 명사	There are + 복수 명사
There is a bag on the table. (탁자 위에 가방이 있다.)	There are books on the desk. (책상 위에 책들이 있다.)

There is/are + 명사의 부정문과 의문문

1. There is/are + 명사의 부정문

be동사 뒤에 not을 쓰고, '~이 없다'라는 의미를 나타내요.

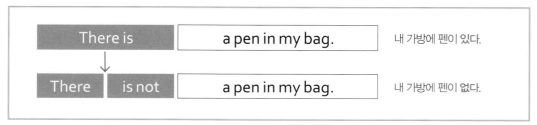

| There is | a pen in my bag. | 내 가방에 펜이 있다. |
| There | is not | a pen in my bag. | 내 가방에 펜이 없다. |

※ is not은 isn't로, are not은 aren't로 줄여서 써요.

2. There is/are + 명사의 의문문

be동사와 there의 위치를 바꿔 쓰고, '~이 있니?'라는 의미를 나타내요.

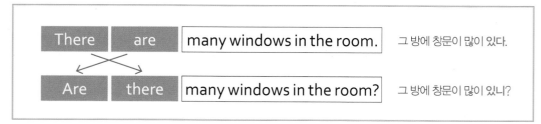

| There | are | many windows in the room. | 그 방에 창문이 많이 있다. |
| Are | there | many windows in the room? | 그 방에 창문이 많이 있니? |

※ There is/are + 명사의 의문문에 대한 대답은 Yes/No로 대답해요.

의문문	긍정의 대답	부정의 대답
Is there a bench at the park?	Yes, there is.	No, there isn't.
Are there many people on the bus?	Yes, there are.	No, there aren't.

Check

A 다음을 보고 알맞은 것에 체크하세요.

1. ☐ There is	☑ There are	many fish.
2. ☐ There is	☐ There are	a fish.
3. ☐ There is	☐ There are	three loaves of bread.
4. ☐ There is	☐ There are	a sheep.
5. ☐ There is	☐ There are	three women.
6. ☐ There is	☐ There are	a man.

B 왼쪽을 보고 알맞은 명사에 체크하세요.

1. Is there	☑ a deer?	☐ deer?
2. Are there	☐ a child?	☐ two children?
3. Is there	☐ two pencils?	☐ a pencil?
4. Are there	☐ two jars of honey?	☐ a jars of honey?
5. There isn't	☐ a garbage man in the park.	☐ garbage men in the park.
6. Are there	☐ a pair of jeans?	☐ two pairs of jeans?
7. Is there	☐ three hospitals at the corner?	☐ a hospital at the corner?
8. Are there	☐ 10 kids?	☐ a kid?
9. There isn't	☐ two scissors in the drawer.	☐ a pair of scissors in the drawer.

✏️ 밑줄 친 단어를 올바르게 고치고 문장을 다시 쓰세요.

1 ~(이)가 있다. / 쿠키 한 개 / 의자 위에

There <u>are</u> a cookie on the chair.

→ There is a cookie on the chair.

2 ~(이)가 있니? / 공책 다섯 권 / 책장에

<u>Is</u> there five notebooks on the bookshelf?

→

3 ~(이)가 있다. / 검정 치마 두 벌 / 옷장 안에

There <u>is</u> two black skirts in the closet.

→

4 ~(이)가 없다. / 숟가락 여덟 개 / 서랍에

There <u>are</u> eight spoons in the drawer.

→

5 ~(이)가 있다. / 많은 돌 / 병 안에

There <u>is</u> many stones in the jar.

→

6 ~(이)가 있다. / 전화기 한 대 / 탁자 위에

There <u>are</u> a telephone on the table.

→

7 ~(이)가 있니? / 호랑이 다섯 마리 / 우리 안에

<u>Is</u> there five tigers in the cage?

→

8 ~(이)가 없다. / 컴퓨터 두 대가 / 우리 교실에

There <u>is</u> not two computers in my classroom.

→

9 ~(이)가 없다. / 많은 레몬 / 냉장고 안에

There <u>is</u> many lemons in the fridge.

→

10 ~(이)가 있다. / 헬리콥터 다섯 대

There <u>is</u> five helicopters.

→

Practice

 주어진 단어를 이용하여 우리말 뜻과 일치하도록 문장을 완성하세요.

1. on this island. / 10 beaches / There are   이 섬에는 열 개의 해변이 있다.
   → There are 10 beaches on this island.

2. a piece / Is there / of cake?   케이크 한 조각이 있니?
   → _____

3. green cups / aren't / in the cupboard. / There   초록색 컵들이 찬장 안에 없다.
   → _____

4. in the square? / many crowds / Are there   많은 군중이 광장에 있니?
   → _____

5. five children / There are / in the playground.   아이 다섯 명이 놀이터에 있다.
   → _____

6. There are / in the classroom. / 20 students   스무 명의 학생이 교실에 있다.
   → _____

7. 10 / apples. / There are   열 개의 사과가 있다.
   → _____

8. There are / in my school. / 30 classrooms   우리 학교에는 서른 개의 교실이 있다.
   → _____

 서술형 맛보기

🔍 우리말 뜻을 보고 아래 조건을 충족하는 영어 문장을 만드세요.

탁자 위에 펜 한 개와 컵 한 개가 있다.

✏ 조건1   There is 혹은 There are를 사용할 것
✏ 조건2   and를 사용 할 것

→ _____

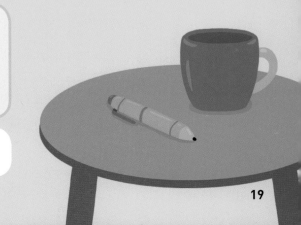

1 다음 중 명사의 단수와 복수형태가 알맞게 짝지어진 것을 고르세요.
① apple – apples ② fish – fishes ③ coffee – coffees ④ book – beek

[2-4] 다음 빈칸에 들어갈 말로 가장 알맞은 말을 고르세요.

2 There is _____ in my pencil case.

① three pencils ② pens ③ crayons ④ an eraser

3 Are there _____ in the water tank?

① a shark ② five fish ③ one diver ④ a turtle

4 I have _____ honey.

① a sheets of ② three jars of ③ a slice of ④ two pieces of

5 다음 중 밑줄 친 부분이 어색한 것을 고르세요.

There are many animals in the ① zoo. I see ② an elephant. It is very big.
I see ③ monkeys. They are so cute. I see ④ a geese. They are in the lake.

6 다음 문장 중 어법상 옳은 것을 고르세요.
① I have a cookies. ② He buys a smartphone.
③ I have six fishes. ④ They have six leaf.

[7-8] 다음 빈칸에 공통으로 들어갈 말로 가장 알맞은 말을 고르세요.

7
• There is a _____ of flour in the kitchen.
• I have two _____ of rice.
• He buys a _____ of potato chips.

① sheet ② cup ③ carton ④ bag

8
• _____ not a cat.
• _____ a roll of tape in the drawer.
• _____ an ox in the farm.

① There are ② He is ③ There is ④ I am

9 다음 중 밑줄 친 부분이 틀린 것을 찾으세요.

① There are <u>five sheeps</u>.

② He needs <u>six tomatoes</u>.

③ There is <u>a glass of water</u> on the table.

④ There are <u>six fish</u> in the pond.

10 (A), (B)에 들어갈 가장 적절한 것을 고르세요.

I like to go camping. I have (A) <u>five bags of sugar / five sugar</u>. Also, (B) <u>there is /</u> <u>there are</u> a bottle of water in my backpack.

	(A)	(B)
①	five sugar	there is
②	five sugar	there are
③	five bags of sugar	there is
④	five bags of sugar	there are

11 주어진 문장을 올바르게 바꾼 것을 고르세요.

① Are there many child? → Are there many childs?

② There is not a cats in the room. → There are not a cats in the room.

③ There are a yellow dress in the closet. → There are an yellow dress in the closet.

④ I have many goose. → I have many geese.

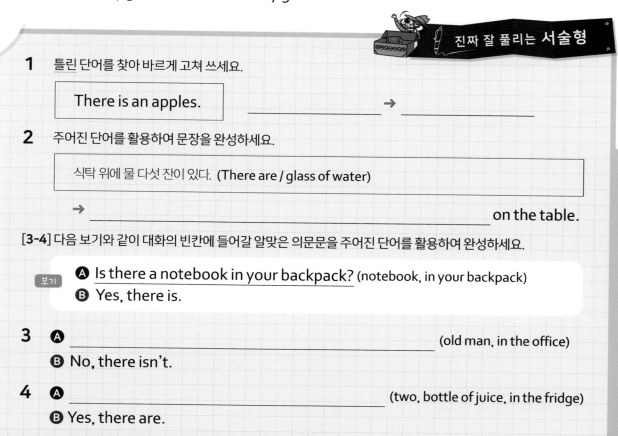

진짜 잘 풀리는 서술형

1 틀린 단어를 찾아 바르게 고쳐 쓰세요.

There is an apples.

_____ → _____

2 주어진 단어를 활용하여 문장을 완성하세요.

식탁 위에 물 다섯 잔이 있다. (There are / glass of water)

→ _____ on the table.

[3-4] 다음 보기와 같이 대화의 빈칸에 들어갈 알맞은 의문문을 주어진 단어를 활용하여 완성하세요.

보기
Ⓐ Is there a notebook in your backpack? (notebook, in your backpack)
Ⓑ Yes, there is.

3 Ⓐ _____ (old man, in the office)

Ⓑ No, there isn't.

4 Ⓐ _____ (two, bottle of juice, in the fridge)

Ⓑ Yes, there are.

UNIT 2 대명사

★ 대명사, 인칭대명사

This is Jack.
He is my brother.

이 아이는 Jack이다.
그는 내 동생이다.

Amy and Linda **are sisters.**
They dance well.

Amy와 Linda는 자매다.
그들은 춤을 잘 춘다.

I have a dog.
It is very cute.

나는 강아지 한 마리가 있다.
그것은 매우 귀엽다.

우리는 Jack에 대해 이야기할 때 '그'라고도 하고, Amy와 Linda를 '그들', 강아지를 '그것'이라고 표현하기도 해요. 이렇듯, **명사를 대신해서 쓰는 말을 대명사**라고 해요. 그리고 대명사 중에서 **주로 사람을 가리키는 말을 인칭대명사**라고 해요.

★ 비인칭 주어 it의 다양한 쓰임

대명사 **it**은 '**그것**'이라는 의미 말고 다른 뜻으로도 쓰여요.
시간, 날씨, 요일, 날짜, 계절, 거리, 명암 등을 나타낼 때 문장의 주어로 **it**을 사용해요. 사람이나 사물을 가리키지 않아서 **비인칭 주어**라고 해요.

It's 9 o'clock.

It's rainy.

인칭대명사란? 사람이나 사물의 이름을 대신하여 사용하는 말이에요.

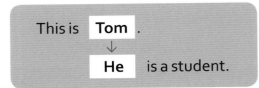

This is **Tom** .
↓
He is a student.

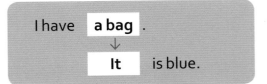

I have **a bag** .
↓
It is blue.

인칭대명사의 격 변화

1. 인칭대명사 인칭과 격에 따라 형태가 바뀌어요.

수	인칭	주격 (~은/는, ~이/가)	소유격 (~의)	목적격 (~을/를)	소유대명사 (~의 것)
단수	1인칭	I	my	me	mine
	2인칭	you	your	you	yours
	3인칭	he	his	him	his
		she	her	her	hers
		it	its	it	×
복수	1인칭	we	our	us	ours
	2인칭	you	your	you	yours
	3인칭	they	their	them	theirs

2. 인칭대명사의 격

주격	소유격	목적격	소유대명사
주어	소유	목적어	소유격 + 명사
I like music.	I like **your** bag.	I like **you**.	That book is **mine**.

3. 명사의 소유격과 소유대명사

명사의 소유격과 소유대명사는 명사 뒤에 -'s를 붙여서 만들어요.
-s로 끝나는 복수 명사는 -'만 붙여요.

명사의 소유격		명사의 소유대명사	
Jack's book	the **girls'** shoes	The books are **Jack's**.	The shoes are the **girls'**.
Jack의 책	소녀들의 신발	그 책들은 Jack의 것이다.	그 신발은 소녀들의 것이다.

Check

A 다음을 보고 알맞은 것에 체크하세요.

1.	he	☑ 3인칭 단수	☐ 3인칭 복수
2.	they	☐ 3인칭 단수	☐ 3인칭 복수
3.	I	☐ 1인칭 복수	☐ 1인칭 단수
4.	she	☐ 1인칭 단수	☐ 3인칭 단수
5.	we	☐ 1인칭 복수	☐ 2인칭 복수
6.	you	☐ 3인칭 단수	☐ 2인칭 단수

B 밑줄 친 단어의 알맞은 인칭대명사를 고르세요.

1.	<u>Jenny</u> walks along the street.	☐ I	☑ She
2.	<u>Joe and his brother</u> like me.	☐ They	☐ He
3.	<u>Luke and I</u> have a discussion.	☐ They	☐ We
4.	<u>Paul's computer</u> is very big.	☐ He	☐ It
5.	<u>You and Daniel</u> eat bananas every day.	☐ You	☐ We
6.	<u>John and I</u> start to run.	☐ You	☐ We
7.	<u>Chris and Tom</u> talk on the phone.	☐ They	☐ I
8.	<u>His and her</u> smartphones are new.	☐ They	☐ Their
9.	<u>Maria</u> cuts the cake into eight pieces.	☐ She	☐ They

밑줄 친 단어를 대신하는 인칭대명사를 사용하여 문장을 다시 쓰세요.

1 Tom은 / 산다. / 새로운 칫솔을
Tom buys a new toothbrush. → He buys a new toothbrush.

2 그녀와 나는 / 간다. / 낚시하러
She and I go fishing. →

3 너와 그는 / 판다. / 책을
You and he sell books. →

4 Nick은 / 기쁘다.
Nick is glad. →

5 너는 / 초대한다. / 나와 Logan을
You invite me and Logan. →

6 Emily와 나는 / 필요하다. / 풀 몇 개가
Emily and I need some glue. →

7 Logan은 / 데운다. / 고기와 채소를
Logan heats up the meat and vegetables. →

8 Mia의 햄스터는 / 좋아한다. / 씨앗을
Mia's hamster loves seeds. →

9 우리 엄마와 아빠는 / 운동한다. / 매일
My mom and dad exercise every day. →

10 그와 그녀는 / 이해한다. / 나의 결정을
He and she understand my decision. →

Practice

✏️ 주어진 단어를 이용하여 우리말 뜻과 일치하도록 문장을 완성하세요.

1. is / She / at the park.　　그녀는 공원에 있다.

   → She is at the park.

2. invite / our classmates. / We　　우리는 반 친구들을 초대한다.

   → _____

3. catch / five fish. / He and I　　그와 나는 물고기 다섯 마리를 잡는다.

   → _____

4. headaches. / have / We　　우리는 머리가 아프다.

   → _____

5. exercises / in the park. / Ted　　Ted는 공원에서 운동한다.

   → _____

6. a skateboard. / You / need　　너는 스케이트보드가 필요하다.

   → _____

7. go / Kate and Tim / shopping.　　Kate와 Tim은 쇼핑하러 간다.

   → _____

8. go / They / camping.　　그들은 캠핑하러 간다.

   → _____

 서술형 맛보기

🔍 다음 사진과 대화를 보고 빈칸에 들어갈 알맞은 말을 쓰세요.

Ⓐ Who is the woman?
Ⓑ She is Anne. She works at the bank.
Ⓐ Who is the man?
Ⓑ _____ is Mike. He works at the museum.

→ _____ is Mike.

27

비인칭 주어 it,
지시대명사 this, that

비인칭 주어 it

it은 원래 '그것'이란 뜻으로 사물의 이름을 대신하는 **대명사**이지만, **시간, 날씨, 요일, 계절, 거리, 명암** 등을 나타낼 때는 문장의 **주어**로 사용해요. 이때의 **it**을 **비인칭 주어**라고 하고, 해석은 따로 하지 않아요.

대명사 it	비인칭 주어 it
This is my bag. **It** is nice. 이것은 내 가방이다. 그것은 멋지다.	**It** is sunny. 날씨가 화창하다.

비인칭 주어 it의 쓰임과 지시대명사

1. 시간, 날씨, 요일, 계절, 거리, 명암 등을 나타낼 때 주어 자리에 써요.

시간	**It** is 7 o'clock.	7시이다.
날짜 / 요일	**It** is May 5th. It's Friday.	5월 5일이다. 금요일이다.
날씨	**It**'s snowy.	눈이 내린다.
계절	**It**'s spring.	봄이다.
거리	**It**'s 2 kilometers from here.	여기서부터 2킬로미터이다.
명암	**It**'s dark outside.	밖은 어둡다.

2. 지시대명사 this, that

지시대명사	거리	복수형
this (이것, 이 사람)	가까이 있는 것	**these** (이것들, 이 사람들)
that (저것, 저 사람)	멀리 있는 것	**those** (저것들, 저 사람들)

This is a book. 이것은 책이다.	→ **These** are books. 이것들은 책이다.
That is my uncle. 저 사람은 내 삼촌이다.	→ **Those** are my uncles. 저 사람들은 내 삼촌들이다.

3. 명사 앞에 쓰는 this와 that

명사 앞에서 형용사처럼 사용되는 **this**와 **that**은 **지시형용사**라고 하고 '이 ～', '저 ～'라고 해석해요.
복수형은 **these/those + 복수 명사**와 함께 써요.

This book is fun. 이 책은 재미있다.	**Those** flowers are beautiful. 저 꽃들은 아름답다.

Check

A 다음을 보고 밑줄 친 It이 나타내는 것을 고르세요.

1. It is very sunny today. ☐ 시간 ☑ 날씨

2. It is nine o'clock. ☐ 시간 ☐ 요일

3. It is Saturday. ☐ 날씨 ☐ 요일

4. It is bright inside. ☐ 명암 ☐ 날짜

5. It is April 17th. ☐ 시간 ☐ 날짜

6. It is 10 kilometers from here. ☐ 요일 ☐ 거리

B 빈칸에 들어갈 알맞은 단어에 체크하세요.

1. _____ is my school. ☑ This ☐ These

2. _____ are mine. ☐ It ☐ Those

3. _____ cookies are delicious. ☐ These ☐ It

4. _____ is six o'clock. ☐ This ☐ It

5. _____ cups are clean. ☐ This ☐ These

6. _____ pen is John's. ☐ This ☐ These

7. _____ is very cloudy. ☐ That ☐ It

8. Hunter wants _____ blueberries. ☐ that ☐ those

9. Look at _____ woman. ☐ that ☐ those

밑줄 친 단어를 올바르게 고치고 문장을 다시 쓰세요.

1 얼마인가요? / 저 컴퓨터는
How much is <u>those</u> computer? → How much is that computer?

2 ~이다. / 약 500미터
<u>This</u> is about 500 meters. →

3 나는 / 먹이를 준다. / 저 오리들에게
I feed <u>that</u> ducks. →

4 이것은 / 스웨터이다. / 정말 예쁜
<u>These</u> is a really pretty sweater. →

5 나는 / 이긴다. / 이 경기를
I win <u>that</u> game. →

6 안개가 많이 꼈다. / 밖에
<u>That</u> is very foggy outside. →

7 저것은 / ~(이)가 아니다. / 나의 오래된 자전거
<u>This</u> is not my old bicycle. →

8 그는 / 자른다. / 이 나무들을
He cuts <u>this</u> trees. →

9 이 우산은 / 젖어 있다.
<u>These</u> umbrella is wet. →

10 Ben은 / 탄다. / 저 지하철을
Ben takes <u>those</u> subway. →

Practice

 주어진 단어를 이용하여 우리말 뜻과 일치하도록 문장을 완성하세요.

1.　　solve / We / these / problems.　　　　우리는 이 문제들을 푼다.

→ We solve these problems.

2.　　my friend. / is / This　　　　이 사람은 내 친구이다.

→ _____

3.　　August 17th / It / today. / is　　　　오늘은 8월 17일이다.

→ _____

4.　　these books / on the bookshelf. / Put　　　　이 책들을 선반에 꽂아라.

→ _____

5.　　like / this / I / T-shirt.　　　　나는 이 티셔츠를 좋아한다.

→ _____

6.　　sunny / is / It / today.　　　　오늘은 날씨가 화창하다.

→ _____

7.　　make / this soup. / I　　　　나는 이 수프를 만든다.

→ _____

8.　　10 a.m. / It / now. / is　　　　지금은 오전 10시다.

→ _____

 서술형 맛보기

 **Banana cupcake**

 **Chocolate cupcake**

🔍 그림을 보고 빈칸에 알맞은 답을 넣으세요.

This is a chocolate cupcake. Its color is brown.

_____ is a banana cupcake. Its color is yellow.

요일, 날짜 말하기

날짜는 〈**It is + 월, 일, 연도**〉의 순서로 쓰고 **요일**과 **월**은 **대문자**로 써요.

요일	What day is it? (무슨 요일이니?)	**It** is Monday. (월요일이다.)
날짜	What's the date today? (오늘은 며칠이니?)	**It** is April 3rd. (4월 3일이다.)

※ 일을 나타내는 말은 첫째, 둘째, 셋째 등으로 순서를 셀 때 사용하는 **서수**로 써요.

> first = 1st, second = 2nd, third = 3rd, fourth = 4th, fifth = 5th,
> sixth = 6th, seventh = 7th, eighth = 8th, ninth = 9th, tenth = 10th,
> eleventh = 11th, twelfth = 12th, twentieth = 20th, thirtieth = 30th

날씨, 시간, 금액 말하기

1. 날씨 말하기

날씨	How is the weather? = What's the weather like? (날씨가 어떠니?)	**It**'s sunny. (화창하다.)
		It's cloudy. (흐리다.)
		It's windy. (바람이 분다.)
		It's rainy. (비가 온다.)
		It's snowy. (눈이 온다.)

2. 시간 말하기

시간	What time is it? (몇 시니?)	**It**'s 7:50(seven fifty). (7시 50분이다.)
날짜	How long does it take to get there? (거기까지 가는 데 얼마나 걸리니?)	**It** takes three hours. (3시간 걸린다.)

※ 시간을 나타내는 말은 〈**시 + 분**〉의 순서로 말하고, 하나, 둘, 셋 등으로 수를 셀 때 사용하는 **기수**로 써요.

6시 10분: **It's six ten.**　　9시 15분: **It's nine fifteen.**　　11시 30분: **It's eleven thirty.**

3. 금액 말하기

금액	How much does it cost to buy the car? (그 차를 사는 데 얼마가 드니?)	**It** costs 30,000 dollars. (3만 달러가 든다.)

A 다음을 보고 밑줄 친 비인칭 주어 it의 알맞은 쓰임에 체크하세요.

1. It's sunny today.	☐ 날짜	☑ 날씨
2. It's Friday today.	☐ 요일	☐ 금액
3. It's 6 p.m.	☐ 시간	☐ 요일
4. It's May 5th.	☐ 요일	☐ 날짜
5. It takes 30 minutes by taxi.	☐ 금액	☐ 시간
6. It's 20,000 won.	☐ 금액	☐ 요일

B 왼쪽을 보고 알맞은 명사에 체크하세요.

1. How much is this?	☐ It takes four hours.	☑ It's 10 dollars.
2. What's the weather like today?	☐ It's rainy.	☐ It's the sun.
3. What day is your birthday?	☐ It's February 7th.	☐ It's Monday.
4. What time is it now?	☐ It takes 10 minutes.	☐ It's two thirty.
5. How is the weather?	☐ It's Monday.	☐ It's cloudy.
6. What's the date today?	☐ It's June 7th.	☐ It's Sunday.
7. What time is it?	☐ It's 12 o'clock.	☐ It's six dollars.
8. How much does it cost to rent a car?	☐ It costs 100 dollars.	☐ It's six fifteen.
9. What day is it?	☐ It's May 1st.	☐ It's Tuesday.

✏️ 밑줄 친 단어를 올바르게 고치고 문장을 다시 쓰세요.

1 무슨 요일이니?
What <u>date</u> is it? → What day is it?

2 오늘은 날씨가 어떠니?
<u>What's</u> the weather today? →

3 화창하다.
<u>This</u> is sunny. →

4 8시 10분이다.
It is <u>eight o'clock ten</u>. →

5 7월 5일이다.
It's July <u>5</u>. →

6 오늘은 며칠이니?
What's the <u>day</u> today? →

7 만 원이 든다.
<u>This</u> costs 10,000 won. →

8 도서관까지 가는 데 얼마나 걸리니?
How <u>many</u> does it take to get to the library? →

9 12월 2일이다.
<u>That</u> is December 2nd. →

10 오늘은 무슨 요일이니?
<u>How</u> day is it today? →

Practice

 주어진 단어를 이용하여 우리말 뜻과 일치하도록 문장을 완성하세요.

1. time / is / it? / What   몇 시니?

   → What time is it?

2. It's / today. / snowy   오늘은 눈이 온다.

   → _____

3. seven / It's / eighteen.   7시 18분이다.

   → _____

4. 30th. / September / It's   9월 30일이다.

   → _____

5. How long / to get / to school? / does it take   학교까지 가는 데 얼마나 걸리니?

   → _____

6. It / 80 dollars. / costs   80달러가 든다.

   → _____

7. day / What / it? / is   무슨 요일이니?

   → _____

8. What's / today? / the date   오늘은 며칠이니?

   → _____

 서술형 맛보기

 우리말 뜻을 보고 아래 단어를 사용하여 영어 문장을 만드세요.

오늘은 7월 6일이다. (July, today)

→ _____

1 다음 중 알맞은 인칭대명사끼리 연결된 것이 <u>아닌</u> 것을 고르세요.

① She – her　　　② I – my　　　③ You – your　　　④ They – our

[2-4] 다음 빈칸에 들어갈 말로 가장 알맞은 말을 고르세요.

2

Jake is _____ husband.

① my　　　② mine　　　③ me　　　④ I

3

I love _____.

① he　　　② him　　　③ they　　　④ we

4

_____ cakes are expensive.

① This　　　② It　　　③ Those　　　④ That

5 밑줄 친 부분이 틀린 것을 고르세요.

① It's <u>May 6th</u>.　　　② It's <u>Thursday</u>.

③ It costs <u>10 dollars</u>.　　　④ It's <u>cloud</u>.

[6-7] 다음 빈칸에 공통으로 들어갈 말로 가장 알맞은 말을 고르세요.

6

・_____ 5:30.

・_____ winter.

・_____ a red backpack.

① This is　　　② It　　　③ It's　　　④ That is

7

・This book is _____.

・I like _____ baby.

・_____ mother helps poor people.

① him　　　② his　　　③ you　　　④ he

8 다음 문장 중 어법상 <u>틀린</u> 문장을 고르세요.

① It's windy.　　　② It's July 6th.

③ It's Wednesday.　　　④ What's the weather?

[9-10] 다음 밑줄 친 부분과 쓰임이 같은 것을 고르세요.

9

I like her.

① He helps her make dinner.
③ Her car is black.
② It's her bracelet.
④ I like her shoes.

10

Look at these.

①These bicycles are old.
③These books are yours.
② He hits these balls.
④These are my students.

11 두 문장이 같은 의미가 아닌 것을 고르세요.
① Jake runs in the park.
= He runs in the park.
③ She talks with you and I.
= She talks with us.
② I meet Sue and Mary.
= I meet them.
④ She and he are my colleagues.
= You are my colleagues.

진짜 잘 풀리는 서술형

1 다음 밑줄 친 부분을 올바른 인칭대명사로 바꾸세요.

I water flowers every day.　　　flowers　　→　_____

2 주어진 단어를 반드시 활용하여 문장을 완성하세요.

• 활용 단어 : girls, daughters　　• 한글 뜻 : 이 소녀들은 나의 딸들이다.

→ _____

[3-4] 다음 밑줄 친 부분을 올바르게 바꾸세요.

보기　I make they with a spoon.　→　I make __them__ with a spoon.

3 I play baseball with hers.　→ I play baseball with _____.

4 I grow this potatoes.　→ I grow _____ potatoes.

UNIT 3

be동사와 일반동사

Part 01 ▶ be동사의 현재형, 부정문, 의문문

Part 02 ▶ 일반동사의 현재형, 부정문, 의문문

Part 03 ▶ be동사와 일반동사의 구별

실전 TEST

⭐ 동사

동사는 문장에서 **주어의 동작**이나 **상태**를 설명해 주는 역할을 해요. 동사에는 be동사, 일반동사 그리고 Unit 6에서 배울 조동사가 있어요.

⭐ be동사와 일반동사

be동사는 주어의 신분이나 상태를 나타내는 동사로 '**~이다, ~하다, ~이(가) 있다**'라는 뜻을 나타내요. be동사는 주어에 따라 **am, are, is**로 달라져요.

I am a soccer player. 나는 축구선수이다.	**We are happy.** 우리는 행복하다.	**There is a cat.** 고양이 한 마리가 있다.

I kick the ball. 나는 공을 찬다.	**We play video games.** 우리는 비디오 게임을 한다.	**I like the cat.** 나는 그 고양이를 좋아한다.

일반동사는 '~을 차다, ~을 하다'와 같은 **주어가 하고 있는 동작**이나 '~을 좋아하다'와 같은 **주어의 상태**를 나타내는 말이에요. 일반동사는 be동사와 조동사를 제외한 나머지 동사 전부를 말해요.

be동사의 현재형, 부정문, 의문문

🔍 be동사의 현재형과 형태

수	인칭	주어	be동사	줄임말
단수	1인칭	I	am	I'm
	2인칭	You	are	You're
	3인칭	He / She / It	is	He's / She's / It's
복수	1인칭	We		We're
	2인칭	You	are	You're
	3인칭	They		They're

※ 주어가 단수 명사일 때 be동사는 **is**를, 복수 명사일 때는 **are**를 써요.

The man **is** a farmer. (그 남자는 농부다.)

Amy and Sally **are** smart. (Amy와 Sally는 똑똑하다.)

🔍 be동사의 부정문과 의문문

1. be동사의 부정문 be동사 뒤에 not을 붙이고 '~가 아니다, ~에 있지 않다'라는 뜻을 나타내요.

수	주어	부정형	줄임말
단수	I	am not	I'm not * am not은 줄여 쓰지 않아요.
	You	are not	You're not → You aren't
	He / She / It	is not	He's / She's / It's not → He / She / It isn't
복수	We / You / They	are not	We're / You're / They're not → We / You / They aren't

※ I **am not** happy. (나는 행복하지 않다.) = I**'m not** happy.(○)   I **amn't** happy.(×)

2. be동사의 의문문 be동사와 주어의 위치를 바꾸고, 문장 마지막에 물음표를 붙여요.

수	의문문	긍정의 대답	부정의 대답
단수	**Am** I ~?	Yes, you **are**.	No, you **aren't**.
	Are you ~?	Yes, I **am**.	No, I**'m not**.
	Is he / she / it ~?	Yes, he / she / it **is**.	No, he / she / it **isn't**.
복수	**Are** we ~?	Yes, we / you **are**.	No, we / you **aren't**.
	Are you ~?	Yes, we **are**.	No, we **aren't**.
	Are they ~?	Yes, they **are**.	No, they **aren't**.

※ Are you ~?로 물을 때, you가 **한 명(너)**이면 Yes, I am.으로, you가 **여러 명(너희들)**이면 Yes, we are.로 대답해요.

Check

A 다음 빈칸에 들어갈 알맞은 말에 체크하세요.

1. They _____ in the house. ☑ aren't ☐ isn't

2. He _____ an athlete. ☐ are ☐ is

3. She _____ in the park. ☐ isn't ☐ am

4. Amanda and I _____ in 6th grade. ☐ are ☐ am

5. Andy _____ my brother. ☐ are ☐ is not

6. I _____ 12 years old. ☐ am ☐ are

B 밑줄 친 곳에 들어갈 알맞은 곳에 체크하세요.

1. _____ are at the Chinese restaurant. ☐ I ☑ We

2. Emma and Max _____ not friends. ☐ are ☐ is

3. I _____ not an artist. ☐ is ☐ am

4. _____ George on the playground? ☐ Is ☐ Are

5. _____ is in the bathroom. ☐ Mike ☐ You

6. I _____ a bank teller. ☐ is ☐ am

7. _____ is my dog. ☐ She ☐ They

8. _____ Luna and Jack ballet dancers? ☐ Are ☐ Is

9. _____ is in the kitchen now. ☐ You and Leo ☐ Leo

Drill

밑줄 친 단어를 올바르게 고치고 문장을 다시 쓰세요.

1 이것들은 / ~이다. / 나의 책들
These <u>is</u> my books.
→ These are my books.

2 ~가 있니? / 생일 케이크
<u>Are</u> there a birthday cake?
→

3 너와 그는 / ~이다. / 형제
You and he <u>is</u> brothers.
→

4 그녀는 / ~이다. / 최고의 선수
She <u>am</u> the best player.
→

5 있다. / 그는 / 공항에
He <u>are</u> at the airport.
→

6 있니? / 그들은 / 정원에
<u>Am</u> they in the garden?
→

7 나는 / 아프다. / 오늘
I <u>is</u> sick today.
→

8 그는 / ~이다. / 매우 키가 큰
He <u>are</u> very tall.
→

9 나는 / 아니다. / 어린이가
I <u>aren't</u> a child.
→

10 나의 할아버지는 / 있지 않다. / 공원에
My grandfather <u>am not</u> in the park.
→

Practice

✏️ 주어진 단어를 이용하여 우리말 뜻과 일치하도록 문장을 완성하세요.

1. Mrs. Brown? / you / Are   당신이 Brown 부인입니까?

   → Are you Mrs. Brown?

2. are / You / on time.   너는 제시간에 왔다.

   → _____

3. not / full. / I'm   나는 배부르지 않다.

   → _____

4. am / an architect. / I / not   나는 건축가가 아니다.

   → _____

5. is / tired. / Jim   Jim은 피곤하다.

   → _____

6. isn't / That man / my father.   저 남자는 나의 아버지가 아니다.

   → _____

7. is / baseball. / My favorite sport   내가 가장 좋아하는 운동은 야구다.

   → _____

8. your cars? / those / Are   저것들은 너의 차니?

   → _____

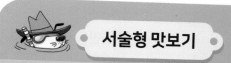

서술형 맛보기

🔍 너구리에 대한 안내문을 보고 <u>틀린</u> 곳을 찾아 바르게 고치세요.

A raccoon usually has long brown fur on its body. Its round head are broad. Its body is short. Also, it has a 25 – 35 cm long tail.

_____ → _____

Part 2 일반동사의 현재형, 부정문, 의문문

서술형 문제로 개념 잡는
★★★
THE GRAMMAR SPY
★★★

일반동사의 현재형

일반동사는 주어가 I, You, We, They일 때는 **동사원형**을 쓰고, He, She, It일 때는 **동사 뒤에 -(e)s**를 붙여요.

대부분의 동사	동사원형 + -s	plays, sees, feels, calls, likes, wants, buys, speaks, enjoys
-o, -s, -ch, -sh, -x로 끝나는 동사	동사원형 + -es	does, goes, passes, teaches, wishes, watches, fixes
자음 + y로 끝나는 동사	y를 i로 고치고 + -es	studies, tries, cries, flies
불규칙하게 변하는 동사		have → has

You **study** English. 너는 영어를 공부한다.　　She **eats** sandwiches. 그녀는 샌드위치를 먹는다.

일반동사의 부정문과 의문문

1. 일반동사의 부정문

일반동사의 부정문은 주어가 I, You, We, They일 때는 동사원형 앞에 **do not**을 쓰고, He, She, It일 때는 **does not**을 써요.

주어가 I, You, We, They일 때	주어가 He, She, It일 때
I have a smartphone. → I **do not/don't** have a smartphone.	He works at the hospital. → He **does not/doesn't** work at the hospital.

※ 일반동사의 부정문에서 does not/doesn't 다음에는 항상 동사원형을 써요.

2. 일반동사의 의문문

일반동사의 의문문은 주어가 I, You, We, They일 때는 문장 앞에 **Do**를 쓰고, He, She, It일 때는 **Does**를 써요.

주어가 I, You, We, They일 때	주어가 He, She, It일 때
You like Eric. → **Do** you like Eric?	She lives in Tokyo. → **Does** she live in Tokyo?

※ 일반동사의 의문문에 대한 대답은 Yes나 No로 해요.

Do you like fish?
→ **Yes, I do. / No, I don't.**

Does he study hard?
→ **Yes, he does. / No, he doesn't.**

Check

A 다음 일반동사의 알맞은 3인칭 단수형을 고르세요.

1. have ☑ has ☐ haves
2. study ☐ studys ☐ studies
3. want ☐ wants ☐ wantes
4. watch ☐ watches ☐ watchs
5. play ☐ plaies ☐ plays
6. live ☐ lives ☐ lifes

B 빈칸에 들어갈 알맞은 단어에 체크하세요.

1. He _____ hunting. ☑ goes ☐ go
2. I _____ the ball with a racket. ☐ hit ☐ hits
3. They _____ home all day. ☐ don't stays ☐ don't stay
4. We _____ TV. ☐ watch ☐ watches
5. Does she _____ the story? ☐ understands ☐ understand
6. The train _____ in our town. ☐ arrive ☐ arrives
7. Does he _____ milk? ☐ drink ☐ drinks
8. I _____ science. ☐ teach ☐ teaches
9. Do they _____ in the ocean? ☐ swim ☐ swims

밑줄 친 단어를 올바르게 고치고 문장을 다시 쓰세요.

1 Jon존의 부인은 / 일한다. / 대학교에서
Jon's wife <u>work</u> at the university. → Jon's wife works in the university.

2 너는 / 가져오니? / 너의 점심을
Do you <u>brings</u> your lunch? →

3 나는 / 들어올린다. / 무거운 돌을
I <u>lifts</u> up a heavy stone. →

4 그는 / 청소한다. / 공원을
He <u>clean</u> the park. →

5 그녀는 / 끈다. / 전등을
She <u>turn</u> off the light. →

6 그들은 / 닫는다. / 문을
They <u>closes</u> the gates. →

7 그들은 / 모른다. / 나를
They <u>doesn't</u> know me. →

8 그는 / 가지고 있지 않다. / 그녀의 목걸이를
He <u>don't have</u> her necklace. →

9 그녀는 / 인쇄하니? / 그녀의 숙제를
<u>Do</u> she print out her homework? →

10 그는 / 물구나무를 선다. / 그의 손으로
He <u>stand</u> on his hands. →

Practice

✏️ 주어진 단어를 이용하여 우리말 뜻과 일치하도록 문장을 완성하세요.

1. doesn't drink / Haley / milk.　　　　　Haley는 우유를 마시지 않는다.
   → Haley doesn't drink milk.

2. all day. / cry / They　　　　　그들은 하루 종일 운다.
   → _____

3. to school? / Do you / walk　　　　　너는 학교에 걸어서 가니?
   → _____

4. have / dark chocolate? / Do you　　　　　너는 다크 초콜릿을 갖고 있니?
   → _____

5. hangs / on a hook. / his coat / He　　　　　그는 그의 코트를 옷걸이에 건다.
   → _____

6. reading the novel. / He / focuses on　　　　　그는 그 소설을 읽는 것에 집중한다.
   → _____

7. plays / computer games / He / at night.　　　　　그는 밤에 컴퓨터 게임을 한다.
   → _____

8. to the zoo. / We / go / don't　　　　　우리는 동물원에 가지 않는다.
   → _____

 서술형 맛보기

🔍 두 사람의 대화를 읽고, 괄호 안의 단어를 활용하여 대화를 완성하세요.

Ⓐ Is that Luke?
Ⓑ Yes, that's Luke.
Ⓐ Does he study English every day?
Ⓑ No, he doesn't. (studies / He / every day. / math)

→ _____

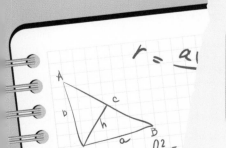

be동사와 일반동사의 비교

	주어	서술어	보어
be동사	I	am	a singer.
	나는	이다.	가수
	주어	서술어	목적어
일반동사	I	study	English.
	나는	공부한다.	영어를

※ be동사 뒤에는 주어의 상태를 보충 설명해 주는 **보어**가 오고, 일반동사 뒤에는 동사의 동작의 대상이 되는 **목적어**가 와요.

be동사와 일반동사의 형태와 의미

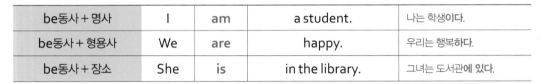

1. be동사의 형태와 의미

be동사는 **am**, **are**, **is**로 뒤에 오는 말에 따라 의미가 달라져요.

be동사 + 명사	I	am	a student.	나는 학생이다.
be동사 + 형용사	We	are	happy.	우리는 행복하다.
be동사 + 장소	She	is	in the library.	그녀는 도서관에 있다.

2. 일반동사의 형태와 의미

일반동사는 be동사와 조동사를 제외한 나머지 동사 전부를 말하며, 주어에 따라 형태가 달라져요.

주어가 I/You/We/They일 때	I **play** baseball.	나는 야구를 한다.
	You **eat** hamburgers.	너는 햄버거를 먹는다.
	We **like** vegetables.	우리는 채소를 좋아한다.
	They **watch** TV.	그들은 TV를 본다.
주어가 He/She/It일 때	He **drinks** milk.	그는 우유를 마신다.
	She **goes** to school.	그녀는 학교에 간다.
	It **runs** fast.	그것은 빨리 달린다.

Check

A 밑줄 친 동사를 보고 알맞은 곳에 체크하세요.

1. I am an engineer.   ☑ be동사   ☐ 일반동사
2. He loves to drink coffee.   ☐ be동사   ☐ 일반동사
3. Her sisters are young.   ☐ be동사   ☐ 일반동사
4. They live in Russia.   ☐ be동사   ☐ 일반동사
5. Jenny is cool.   ☐ be동사   ☐ 일반동사
6. I like watching soap dramas.   ☐ be동사   ☐ 일반동사

B 빈칸에 들어갈 알맞은 동사에 체크하세요.

1. We _____ the dishes.   ☑ clean   ☐ cleans
2. He _____ a florist.   ☐ am   ☐ is
3. I _____ to the park.   ☐ go   ☐ goes
4. We _____ sisters.   ☐ are   ☐ is
5. Ronald _____ a bicycle.   ☐ ride   ☐ rides
6. We _____ to play basketball.   ☐ loves   ☐ love
7. He _____ down something on the paper.   ☐ write   ☐ writes
8. She _____ a professional actor.   ☐ is   ☐ are
9. Tina _____ her car.   ☐ wash   ☐ washes

49

Drill

✏️ 밑줄 친 단어를 올바르게 고치고 문장을 다시 쓰세요.

1 나의 친구들은 / 배운다. / 이탈리아어를
My friends <u>learns</u> Italian. → My friends learn Italian.

2 나는 / 수영한다. / 강에서
I <u>swims</u> in the river. →

3 나는 / ~이다. / 작가
I <u>is</u> a writer. →

4 그들은 / 매우 좋아한다. / 스키 타러 가는 것을
They <u>loves</u> to go skiing. →

5 학생들은 / 입는다. / 교복을
Students <u>wears</u> school uniforms. →

6 Jane은 / ~이다. / 피아니스트
Jane <u>am</u> a pianist. →

7 우리는 / 판다. / 가방과 지갑을
We <u>sells</u> bags and wallets. →

8 나는 / 먹는다. / 저녁을 / 오후 7시에
I <u>has</u> dinner at 7 p.m. →

9 저 신발들은 / ~이다. / 내 것
Those shoes <u>am</u> mine. →

10 그들은 / ~이다. / 지휘자
They <u>is</u> conductors. →

✏️ 주어진 단어를 이용하여 우리말 뜻과 일치하도록 문장을 완성하세요.

1. are / geese. / They   그것들은 거위들이다.

   → They are geese.

2. like / I / French fries.   나는 감자 튀김을 좋아한다.

   → _____

3. table tennis. / play / I   나는 탁구를 친다.

   → _____

4. cries / all day. / He   그는 하루 종일 운다.

   → _____

5. your daughters. / are / They   그들은 너의 딸들이다.

   → _____

6. I / you. / think of   나는 너를 생각한다.

   → _____

7. hers. / Those books / are   저 책들은 그녀의 것이다.

   → _____

8. tries to / Ailey / meet me.   Ailey는 나를 만나기 위해 노력한다.

   → _____

서술형 맛보기

🔍 우리말 뜻을 보고 아래 조건을 충족하는 영어 문장을 만드세요.

우리는 노트북 다섯 대를 가지고 있다.

✏️ 조건1   노트북 laptop 단어를 활용해야 한다.

✏️ 조건2   have를 활용해야 한다.

→ _____

1 다음 중 주어와 동사의 형태가 알맞게 짝지어진 것을 고르세요.
① He – is　　　② Ken – visit　　　③ I – are　　　④ Jen – are

[2-4] 다음 빈칸에 들어갈 말로 가장 알맞은 말을 고르세요.

2
Is _____ in the living room?

① he　　　② you　　　③ I　　　④ she and he

3
She _____ with her cat.

① play　　　② plays　　　③ playing　　　④ is play

4
_____ go to the library.

① She　　　② He　　　③ They　　　④ It

5 다음 밑줄 친 부분 중 틀린 곳을 찾으세요.
① Mom writes a diary every day.　　　② Mason is not a taxi driver.
③ Charlie and David is in the 5th grade.　　　④ I like to listen to music.

[6-7] 다음 빈칸에 공통으로 들어갈 말로 가장 알맞은 말을 고르세요.

6
· Jenna _____ kind.
· He _____ busy these days.
· This turtle _____ my pet.

① so　　　② is　　　③ are　　　④ likes

7
· _____ they friends?
· You _____ the best friend!
· He and she _____ not family.

① is　　　② am　　　③ do　　　④ are

8 다음 빈칸에 들어갈 말이 바르게 짝지어진 것을 고르세요.

· __(A)__ needs a jacket.
· You and I __(B)__ a bicycle together.

	(A)	(B)
①	I	rides
②	She	riding
③	You	is riding
④	He	ride

9 다음 문장 중 어법상 옳은 것을 고르세요.

① Greg and Maria goes to the theater.　② I makes a banana pie.
③ He doesn't play the guitar.　④ He know her.

10 (A), (B)에 들어갈 가장 적절한 것을 고르세요.

> My brother and I (A) am / are members of the orchestra. Jenna and Ben play the violins. Kate plays the drums. James, my brother, (B) plays / play the flute.

	(A)	(B)
①	am	play
②	am	plays
③	are	play
④	are	plays

11 다음 중 동사의 종류가 다른 하나를 고르세요.

① They sing a song.　② We look for a tourist center.
③ I brush my teeth three times a day.　④ He is a kind person.

진짜 잘 풀리는 서술형

1 아래 질문을 보고 괄호 안의 단어를 활용하여 완전한 영어 문장으로 답하세요.

> Ⓐ What does Helen do?
> Ⓑ (She / a house painter) → _____

[2-3] 다음 보기와 같이 대화의 빈칸에 들어갈 알맞은 의문문을 주어진 단어를 활용하여 적으세요.

> 보기　Ⓐ Do you play baseball? (play baseball)
> Ⓑ Yes, I do. I play baseball twice a week.

2 Ⓐ _____ (monkeys, eat, broccoli)

Ⓑ Yes, they do. They like broccoli.

3 Ⓐ _____ (Mrs. Foster, from Chile)

Ⓑ Yes, she is.

4 아래 대화 내용과 한국어 뜻을 보고 밑줄 친 (A)에 들어갈 영어 문장을 완성하세요.

> Ⓐ Is this our classroom?
> Ⓑ I don't think so.
> Ⓐ Okay. Then, is she our homeroom teacher?
> Ⓑ No, (A) 그녀는 우리 담임 선생님이 아니야. → _____

UNIT 4

형용사와 부사

★ 형용사와 부사

형용사와 **부사**는 문장 속 단어의 상태나 성질을 설명해 주거나 문장을 더 의미 있게 꾸며주는 역할을 해요.
형용사는 명사 앞에서 **명사를 꾸며주거나**, be동사 뒤에 와서 **주어를 보충 설명**해 주는 역할을 해요.

There is a tall man.
키가 큰 남자가 있다.

The man is tall.
그 남자는 키가 크다.

부사는 동사, 형용사, 다른 부사를 꾸며주는 역할을 해요.

He walks slowly.
그는 느리게 걷는다.

She is very happy.
그녀는 매우 행복하다.

He runs so fast.
그는 매우 빨리 달린다.

★ How + 형용사/부사

'얼마나 ~한/하게'라고 물을 때는 **How + 형용사/부사**를 사용해요.

How tall is the boy?
그 소년은 키가 몇이니?

How much is the doughnut?
그 도넛은 얼마니?

형용사의 역할

형용사는 명사 앞에서 **명사를 꾸며주는 역할**을 하거나, be동사 뒤에서 **주어를 보충 설명**해줘요.

명사 꾸밈	He is a <u>famous</u> singer.	그는 유명한 가수이다.
주어 보충 설명	She is **kind**. (She = kind)	그녀는 친절하다.

수량형용사   **명사의 수나 양을 나타내는 형용사**를 수량형용사라고 해요.

1. 셀 수 있는 명사와 사용되는 수량형용사

many (많은)	She has **many** books.	그녀는 **많은** 책들을 갖고 있다.
a few (약간의)	She has **a few** books.	그녀는 약간의 책들을 갖고 있다.
few (거의 없는)	She has **few** books.	그녀는 책을 거의 갖고 있지 **않다**.

2. 셀 수 없는 명사와 사용되는 수량형용사

much (많은)	He has **much** money.	그는 **많은** 돈을 갖고 있다.
a little (약간의)	He has **a little** money.	그는 약간의 돈을 갖고 있다.
little (거의 없는)	He has **little** money.	그는 돈을 거의 갖고 있지 **않다**.

3. 셀 수 있는 명사, 셀 수 없는 명사 모두와 사용되는 수량형용사

a lot of (많은)	There are **a lot of** animals in the zoo.	동물원에 **많은** 동물들이 있다.
	There is **a lot of** water on the road.	도로 위에 **많은** 물이 있다.

Check

A 밑줄 친 단어가 형용사면 O에, 아니면 X에 체크하세요.

1.	It's warm inside.	☐ O	☑ X
2.	She has five balls.	☐ O	☐ X
3.	I sometimes visit lonely elderly people.	☐ O	☐ X
4.	I have oily skin.	☐ O	☐ X
5.	He grows red flowers.	☐ O	☐ X
6.	That brown dog barks a lot.	☐ O	☐ X

B 다음 문장에서 형용사를 찾아 동그라미 하세요.

1. Cats are (friendly) animals.

2. I have red hair.

3. There is little sauce on the table.

4. Owls are smelly.

5. I need much juice.

6. Her cell phone is white.

7. I need some cold water.

8. We have a few crayons.

9. This sofa is very comfortable.

밑줄 친 단어를 올바르게 고치고 문장을 다시 쓰세요.

1 나의 남동생은 / 시끄럽다.
My brother is noise. → My brother is noisy.

2 그녀는 / 가지고 있다. / 매우 짧은 머리를
She has very shortly hair. →

3 그녀는 / ∼이다. / 훌륭한 무용가
She is a greatly dancer. →

4 나는 / 필요하다. / 많은 연필이
I need a lots of pencils. →

5 그는 / 가지고 있다. / 많은 오렌지들을
He has much oranges. →

6 자원봉사는 / ∼이다. / 좋은 활동
Volunteering is a well activity. →

7 Ben은 / 가지고 있다. / 긴 머리와 / 파란색 눈을
Ben has long hair and bluely eyes. →

8 그는 / 화나다. / 지금
He is angrily now. →

9 그는 / ∼(이)다. / 너무 귀찮은
He is so annoyingly. →

10 나의 사촌 동생은 / ∼(이)다. / 정말 사랑스러운
My cousin is so love. →

Practice

✏️ 주어진 단어를 이용하여 우리말 뜻과 일치하도록 문장을 완성하세요.

1. a small / That cat / has / jaw. 저 고양이는 작은 턱을 가지고 있다.

   → That cat has a small jaw.

2. clock. / a round / That's 저것은 둥근 시계이다.

   → _____

3. She / sad / today. / looks 그녀는 오늘 슬퍼보여.

   → _____

4. are / alive! / They 그들은 살아 있다!

   → _____

5. I / a lot of / rings. / have 나는 많은 반지를 가지고 있다.

   → _____

6. He / sour / potato soup. / wants 그는 신 감자 수프를 원한다.

   → _____

7. much / He / bread. / has 그는 많은 빵을 가지고 있다.

   → _____

8. I / icy / roads. / walk on 나는 빙판길을 걷는다.

   → _____

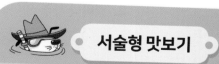

서술형 맛보기

🔍 아래의 우리말 뜻과 조건을 충족하는 영어 문장을 만드세요.

그의 개는 얌전하다.

✏️ 조건 형용사 gentle(얌전한)을 사용할 것

→ _____

부사

🔍 부사의 역할

부사는 **동사**, **형용사**, **다른 부사**를 꾸며주는 역할을 해요.

동사 꾸밈	My sister talks **slowly**.	내 여동생은 **천천히** 말한다.
형용사 꾸밈	Jane is **very** busy.	Jane은 **매우** 바쁘다.
부사 꾸밈	Jack studies English **so** hard.	Jack은 영어를 **매우** 열심히 공부한다.

🔍 부사의 형태와 빈도부사

1. 대부분의 부사는 형용사에 -ly를 붙여요.

대부분의 부사	형용사 + -ly	slow → slowly, quiet → quietly, loud → loudly
자음 + y로 끝나는 형용사	y를 i로 바꾸고 + -ly	busy → busily, easy → easily, happy → happily
e로 끝나는 형용사	e를 빼고 + -ly	gentle → gently, simple → simply, true → truly
형용사와 형태가 같은 부사		hard (열심인) - hard (열심히), high (높은) - high (높이), fast (빠른) - fast (빨리), late (늦은) - late (늦게), early (이른) - early (일찍), near (가까운) - near (가까이)
뜻이 달라지는 부사		hardly (거의 ~ 않다), highly (매우), lately (최근에), nearly (거의)
예외		good (좋은) - well (잘)

※ **lovely** (사랑스러운), **friendly** (다정한)는 명사 + -ly의 형태로 부사가 아니고 **형용사**예요.

2. '얼마나 자주' 일어나는 지를 나타내는 부사를 빈도부사라고 해요.

always (100%)	I **always** have breakfast.	나는 **항상** 아침을 먹는다.
usually (75%)	I **usually** have breakfast.	나는 **보통** 아침을 먹는다.
often (50%)	I **often** have breakfast.	나는 **종종** 아침을 먹는다.
sometimes (25%)	I **sometimes** have breakfast.	나는 **가끔** 아침을 먹는다.
never (0%)	I **never** have breakfast.	나는 **결코** 아침을 먹지 **않는다**.

※ 빈도부사는 **be동사와 조동사의 뒤**, **일반동사의 앞**에 써요.

Steve is **always** kind. (Steve는 항상 친절하다.)

I will **never** be late again. (나는 절대로 다시 늦지 않을 거야.)

She **often** goes to church. (그녀는 종종 교회에 간다.)

Check

A 밑줄 친 단어가 부사면 O에, 아니면 X에 체크하세요.

1.	She <u>runs</u> fast.	☐ O	☑ X
2.	He shouts <u>loudly</u>.	☐ O	☐ X
3.	They run <u>so</u> fast.	☐ O	☐ X
4.	I rub my <u>face</u> gently.	☐ O	☐ X
5.	We <u>often</u> eat hamburgers.	☐ O	☐ X
6.	He <u>hardly</u> eats broccoli.	☐ O	☐ X

B 다음 문장에서 부사를 찾아 동그라미 하세요.

1. He walks (fast.)

2. He looks into the toy closely.

3. Sometimes, we swim in the ocean.

4. He never drinks coffee.

5. He hits the ball so hard.

6. Snails move slowly.

7. He always drinks a bottle of orange juice.

8. She smiles happily.

9. It is very hot.

밑줄 친 단어를 올바르게 고치고 문장을 다시 쓰세요.

1 나의 / 할머니는 / 말한다. / 느리게
My grandmother talks <u>slow</u>. → My grandmother talks slowly.

2 나는 / 절대로 마시지 않는다. / 우유를
I <u>sometimes</u> drink milk. →

3 그는 / 항상 / 말한다. / 부드럽게
He always talks <u>soft</u>. →

4 그는 / 신중하게 / 선택한다. / 그녀의 책을
He <u>careful</u> chooses her book. →

5 가끔 / 나는 / 필요하다. / 맛있는 초콜릿이
<u>Usually</u>, I need some delicious chocolates. →

6 제니는 / 풋볼을 한다. / 열심히
Jenny plays football <u>hardly</u>. →

7 그녀는 / 노래한다. / 아름답게
She sings <u>beautiful</u>. →

8 나는 / 정말 / 기쁘다. / 너를 봐서
I'm <u>real</u> happy to see you. →

9 Joe는 / 항상 / 마신다. / 커피를 / 아침에
Joe <u>usually</u> drinks coffee in the morning. →

10 나는 / 종종 / 일어난다. / 아침 10시에
I <u>never</u> wake up at 10 a.m. →

✏️ 주어진 단어를 이용하여 우리말 뜻과 일치하도록 문장을 완성하세요.

1. hardly / does / his homework. / He   그는 거의 그의 숙제를 하지 않는다.

   → He hardly does his homework.

2. a very fast / He / is / runner.   그는 매우 빠른 달리기 선수이다.

   → _____

3. often / Steve / eats pizza.   Steve는 자주 피자를 먹는다.

   → _____

4. carefully / builds / The woman / a building.   그 여자는 신중하게 빌딩을 짓는다.

   → _____

5. quickly / wash / The children / their hands.   그 아이들은 손을 빠르게 씻는다.

   → _____

6. very hard. / studies / He   그는 정말 열심히 공부한다.

   → _____

7. dances / Pam / beautifully.   Pam은 아름답게 춤춘다.

   → _____

8. I / at night. / very late / sleep   나는 밤에 늦게 잔다.

   → _____

🖋️ 서술형 맛보기

Library Rules

1. Talk and read quiet.
2. Return books to librarians.
3. Always walk. Never run.

🔍 왼쪽의 도서관 규칙을 보고 잘못 된 부분을 찾아 바르게 고치세요.

_____ → _____

How + 형용사/부사

의문사 How

How는 '어떻게', '어떤'이라는 뜻을 가진 의문사로 방법, 수단, 상태를 물을 때 사용해요.

방법	**How** do you make cheese?	너는 치즈를 **어떻게** 만드니?
수단	**How** do you get there?	너는 거기에 **어떻게** 가니?
상태	**How** is your sister?	네 동생은 **어때**?

How + 형용사/부사

1. How 뒤에 형용사나 부사가 오면 '**얼마나 ~한/하게**'라는 의미가 되요.

나이	**How old** are you?	너는 **몇** 살이니?
키	**How tall** is he?	그는 키가 **몇**이니?
빈도	**How often** do you visit him?	너는 **얼마나 자주** 그를 방문하니?
개수	**How many** books do you have?	너는 **얼마나 많은** 책을 갖고 있니?
길이 / 기간	**How long** does it live?	그것은 **얼마나 오래** 사니?
양 / 가격	**How much** is it?	그것은 **얼마**니?
거리	**How far** is the store from here?	그 가게는 여기서 **얼마나 머**니?
크기	**How big** is the elephant?	그 코끼리는 **얼마나 크**니?
무게	**How heavy** is this box?	이 상자는 **얼마나 무겁**니?

2. How often ~?의 대답은 <횟수 + a + 기간>을 사용하여 대답해요.

once a + 기간	once a week (일주일에 한 번), once a day (하루에 한 번)
twice a + 기간	twice a month (한 달에 두 번), twice a year (1년에 두 번)
기수 + times a + 기간	three times a week (일주일에 세 번)

※ 세 번 이상은 **기수 + times**를 써서 나타내고, 여러 번은 **several times**라고 해요.

Check

A 밑줄 친 한글 뜻을 알맞은 영어로 바꾼 곳에 체크하세요.

1. 너네 학교까지 얼마나 멀어?	☑ How far	☐ How deep
2. 너는 키가 몇이니?	☐ How tall	☐ How old
3. 그 차는 얼마나 크니?	☐ How big	☐ How smart
4. 그는 몇 살 이니?	☐ How fast	☐ How old
5. 일주일에 얼마나 자주 운동하니?	☐ How always	☐ How often
6. 그 강은 얼마나 길어?	☐ How length	☐ How long

B 빈칸에 들어갈 알맞은 단어에 체크하세요.

1. How _____ do you go to the library?	☐ many	☑ often
2. How _____ you make cookies?	☐ do	☐ tall
3. How _____ is it from here to the bus station?	☐ hard	☐ far
4. How _____ is the giraffe?	☐ often	☐ tall
5. He watches a movie _____ a week.	☐ once	☐ one
6. How _____ are you?	☐ old	☐ often
7. How _____ is it?	☐ much	☐ money
8. I eat a hamburger twice a _____.	☐ January	☐ month
9. How _____ you eat that big steak?	☐ do	☐ does

Drill

밑줄 친 단어를 올바르게 고치고 문장을 다시 쓰세요.

1 얼마나 나가니? / 그 파리의 무게는
How much <u>do</u> the fly weigh? → How much does the fly weigh?

2 얼마니? / 이 잉크는
How <u>many</u> is this ink? →

3 남자 형제 몇 명을 / 그는 / 가지고 있니?
How <u>much</u> brothers does he have? →

4 얼마나 오래 / 이 햄스터는 / 사니?
How <u>old</u> does this hamster live? →

5 얼마나 크니? / 모래 알갱이는
How <u>many</u> is a grain of sand? →

6 얼마나 자주 / 너는 마시니? / 커피를
How often <u>are</u> you drink coffee? →

7 얼마나 높니? / 저 소나무는
How <u>long</u> is that pine tree? →

8 얼마나 자주 / 너는 / 방문하니? / 이 박물관을
How <u>many</u> do you visit this museum? →

9 얼마나 나가니? / 멜론의 무게는
How <u>much</u> kilograms does this melon weigh? →

10 얼마나 멀리 있니? / 수영장이 / 여기에서
How <u>long</u> is the swimming pool from here? →

Practice

✏️ 주어진 단어를 이용하여 우리말 뜻과 일치하도록 문장을 완성하세요.

1. is / Eric? / How / old   Eric은 몇 살이니?

   → How old is Eric?

2. this toothpaste? / much / is / How   이 치약은 얼마니?

   → _____

3. deep / the Atlantic Ocean? / How / is   대서양은 얼마나 깊니?

   → _____

4. once a day. / I / computer games / play   나는 컴퓨터 게임을 하루에 한 번 한다.

   → _____

5. brushes / He / his teeth / three times a day.   그는 이를 하루에 세 번 닦는다.

   → _____

6. much / do / you weigh? / How   너는 몸무게가 얼마나 나가니?

   → _____

7. How / do / you / often / drink water?   너는 얼마나 자주 물을 마시니?

   → _____

8. How / books / many / there? / are   거기에 책이 몇 권 있니?

   → _____

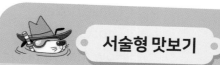

서술형 맛보기

🔍 아래의 빈칸을 완성하여 문장을 완성하세요.

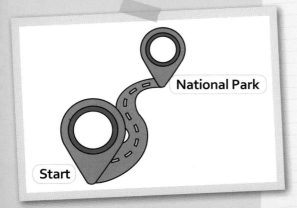

National Park

Start

Ⓐ How _____ is the National Park _____ here?

Ⓑ It's about 3 kilometers from here.

1 다음 중 관계가 알맞게 짝지어진 것을 고르세요.
① careful – carefully ② real – reality ③ late – lately ④ luck – luckily

[2-4] 다음 빈칸에 들어갈 말로 가장 알맞은 말을 고르세요.

2 How _____ is your cat?

① old ② far ③ many ④ often

3 She looks _____ amused.

① so ② such ③ even ④ a lot

4 _____ big are ants?

① Which ② How ③ What ④ Who

5 다음 글에서 밑줄 친 단어 중 품사가 다른 하나를 고르세요.
① It's warm inside. ② Those penguins are so cute.
③ She sings very well! ④ John swims very fast.

6 다음 문장 중 어법상 틀린 것을 고르세요.
① That computer is new. ② My math textbook is very heavy.
③ How often do you go swimming? ④ This cup is color.

[7-8] 다음 빈칸에 공통으로 들어갈 말로 가장 알맞은 말을 고르세요.

7
• These boxes _____ heavy.
• Those _____ red scarves.
• How many plastic bags _____ there?

① is ② does ③ are ④ do

8
• _____ tall are you?
• _____ old are you?
• _____ far is the square from here?

① Why ② How ③ Do ④ What

9 주어진 문장을 올바르게 바꾸지 <u>않은</u> 것을 고르세요.

① Ron, my best friend, is kindly. → Ron, my best friend, is kind.
② He is a smartly scientist. → He is a smartily scientist.
③ My daughter drinks always hot tea. → My daughter always drinks hot tea.
④ Give me a toothbrush quicker. → Give me a toothbrush quickly.

10 (A), (B)에 들어갈 가장 적절한 것을 고르세요.

> Dolphins are so (A) smart / smartly. They talk to each other. They use their (B) special / specially language.

	(A)	(B)
①	smart	special
②	smart	specially
③	smartly	special
④	smartly	specially

11 밑줄 친 부분이 어법상 틀린 곳을 찾으세요.

① The concert starts <u>late</u>.　　② My mom makes a <u>big</u> table.
③ My brother is very <u>lazy</u>.　　④ The Chinese food is <u>real</u> delicious.

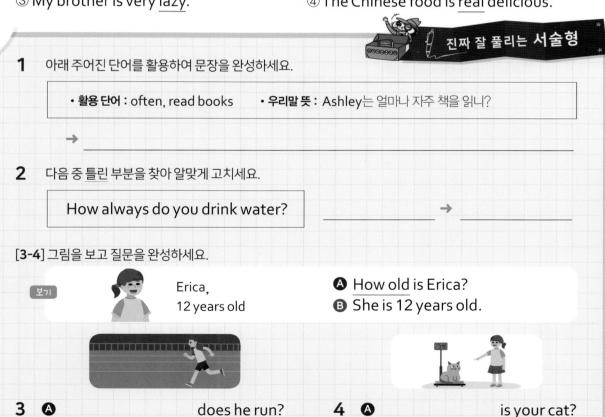

진짜 잘 풀리는 서술형

1 아래 주어진 단어를 활용하여 문장을 완성하세요.

> • **활용 단어** : often, read books　　• **우리말 뜻** : Ashley는 얼마나 자주 책을 읽니?
>
> → _____

2 다음 중 틀린 부분을 찾아 알맞게 고치세요.

> How always do you drink water?　　_____ → _____

[3-4] 그림을 보고 질문을 완성하세요.

보기　Erica, 12 years old　　Ⓐ How old is Erica?　　Ⓑ She is 12 years old.

3 Ⓐ _____ does he run?
　　Ⓑ He runs 100 meters in 20 seconds.

4 Ⓐ _____ is your cat?
　　Ⓑ It weighs 13 kilograms.

UNIT 5

비교급과 최상급

실전 TEST

★ 비교급

비교급은 두 대상의 성질이나 상태 등을 비교할 때 사용해요. 형용사나 부사 뒤에 **-er** 을 붙여 '**더 ~한/하게**' 라는 의미로 써요.

My car is fast.
내 자동차는 빠르다.

Your car is faster.
네 자동차는 더 빠르다.

'**~보다 더 ~한/하게**'라는 의미를 나타내기 위해서는 **비교급 + than**을 써요.
Your car is faster than mine. 네 차는 내 차보다 빠르다.
My car is slower than yours. 내 차는 네 차보다 느리다.

★ 최상급

최상급은 셋 이상의 대상을 비교하여 성질, 상태 등의 정도가 가장 높은 것을 나타낼 때 사용해요.
보통 **the + 최상급**의 형태로 쓰며 '**가장 ~한/하게**'라는 의미를 나타내요.

I am the shortest in my family.
나는 우리 가족 중에서 키가 가장 작다.

My dad is the tallest in my family.
우리 아빠는 우리 가족 중에서 키가 가장 크다.

최고인 것은 딱 하나이고 정해져 있기 때문에 최상급 앞에는 항상 **the**를 붙여요.
최상급 문장에서는 in/of를 써서 비교의 대상이나 범위를 나타낼 수 있어요.
I am the youngest in my family. 나는 우리 가족 중에서 가장 어리다.
He is the oldest of all the members. 그는 회원들 중에서 가장 나이가 많다.

🔍 비교급이란?

'그는 너보다 키가 더 크다.'와 같이 비교하려는 두 대상이 있을 때, '**더 ~한/하게**'라는 뜻의 형용사나 부사의 **비교급**을 써서 말해요.

| He is | tall. | 원급 | | 그는 키가 크다. |
| He is | taller | 비교급 | than you. | 그는 너보다 키가 더 크다. |

※ 비교의 대상 앞에 **than**을 써서 '**~보다 더 ~한**'이라는 의미를 나타내요.

🔍 비교급의 형태

1. 규칙 변화

형용사/부사 + **-er** 또는 **more** + **형용사/부사**의 형태로 규칙적으로 변해요.

대부분의 단어	-er을 붙여요.	old – older small – smaller
-e로 끝나는 단어	-r을 붙여요.	wise – wiser large – larger
단모음 + 단자음으로 끝나는 단어	마지막 자음을 한 번 더 쓰고 -er을 붙여요.	big – bigger hot – hotter
자음 + y로 끝나는 단어	y를 i로 바꾸고 -er을 붙여요.	easy – easier happy – happier
3음절 이상의 단어	형용사/부사 앞에 **more**를 붙여요.	beautiful – more beautiful difficult – more difficult

2. 불규칙 변화

일정한 규칙 없이 불규칙적으로 변해요. 형용사와 부사의 원래 형태를 원급이라고 해요.

원급	비교급	원급	비교급
good	better (더 좋은)	many	more (더 많은)
well	better (더 좋은)	much	more (더 많은)
bad	worse (더 나쁜)	little	less (더 적은)

A 다음을 보고 올바른 비교급에 체크하세요.

1.	short	✓	shorter	☐ more shorter
2.	interesting	☐	interestinger	☐ more interesting
3.	early	☐	earlier	☐ more earlier
4.	good	☐	gooder	☐ better
5.	many	☐	manier	☐ more
6.	nice	☐	nicer	☐ more nicer

B 다음 문장에서 밑줄 친 문장에 들어갈 알맞은 말을 고르세요.

1.	He is _____ than Mason.	✓ taller	☐ more taller
2.	This book is _____ than that one.	☐ thiner	☐ thinner
3.	Mice are _____ than tigers.	☐ smaller	☐ more small
4.	Fantasy novels are _____ than mysteries.	☐ boringer	☐ more boring
5.	Those boots are _____ than these ones.	☐ expensiver	☐ more expensive
6.	My pet dog is _____ than her cat.	☐ fatter	☐ fater
7.	This house is _____ than my house.	☐ coldder	☐ colder
8.	She swims _____ than him.	☐ faster	☐ fastter
9.	Brian is _____ than Roy.	☐ younger	☐ more younger

✏️ 밑줄 친 단어를 올바르게 고치고 문장을 다시 쓰세요.

1 나의 노트북은 / 더 크다. / 너의 것보다
My laptop is <u>more big</u> than yours. → My laptop is bigger than yours.

2 나는 / 더 튼튼하다. / 그보다
I am <u>more strong</u> than him. →

3 오늘은 / 더 따뜻하다. / 어제보다
Today is <u>warmmer</u> than yesterday. →

4 이 크래커들은 / 더 싸다. / 저것들보다
These crackers are <u>cheapper</u> than those. →

5 호랑이는 / 달린다. / 더 빠르게 / 고양이보다
Tigers run <u>more fast</u> than cats. →

6 Katherine은 / 더 나이가 많다. / Jonathan보다
Katherine is <u>oldder</u> than Jonathan. →

7 이 쿠키는 / 더 맛이 없다. / 나의 것보다
This cookie tastes <u>badder</u> than mine. →

8 내 스마트폰은 / ~이다. / 더 새로운 / 너의 것보다
My smartphone is <u>more new</u> than yours. →

9 이 책은 / 더 두껍다. / 저것보다
This book is <u>more thick</u> than that one. →

10 중국은 / 더 크다. / 핀란드보다
China is <u>more large</u> than Finland. →

Practice

✏️ 주어진 단어를 이용하여 우리말 뜻과 일치하도록 문장을 완성하세요.

1. cats. / are / smarter / Dogs / than   개는 고양이보다 더 똑똑하다.
   → Dogs are smarter than cats.

2. football. / more enjoyable / than / Table tennis / is   탁구는 축구보다 더 재미있다.
   → _____

3. faster / is / than / An airplane / a train.   비행기는 기차보다 더 빠르다.
   → _____

4. is / My luggage / lighter / than / his.   내 짐은 그의 것보다 더 가볍다.
   → _____

5. Colin / taller / than / is / Sam.   Colin은 Sam보다 키가 더 크다.
   → _____

6. Noah / harder / Jason. / works / than   Noah는 Jason보다 더 열심히 일한다.
   → _____

7. colder / That room / than / is / this room.   저 방은 이 방보다 더 춥다.
   → _____

8. mine. / noisier / than / My friend's dog / is   내 친구의 개는 나의 개보다 더 시끄럽다.
   → _____

 서술형 맛보기

🔍 아래 그림을 보고 영어 문장을 완성하세요.

_____ is heavier than _____ .

최상급이란?

'나는 우리 반에서 제일 키가 커.'와 같이 여러 비교 대상 중 '**가장 ~한/하게**'라는 뜻을 나타낼 때, 형용사나 부사의 **최상급**을 써서 말해요.

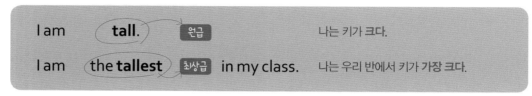

| I am | tall. | 원급 | | 나는 키가 크다. |
| I am | the **tallest** | 최상급 | in my class. | 나는 우리 반에서 키가 **가장** 크다. |

※ 최상급 앞에는 항상 **the**를 붙여요.

최상급의 형태

1. 규칙 변화

형용사/부사 + **-est** 또는 **most** + 형용사/부사의 형태로 규칙적으로 변해요.

대부분의 단어	-est를 붙여요.	cold – coldest young – youngest
-e로 끝나는 단어	-st를 붙여요.	nice – nicest safe – safest
단모음 + 단자음으로 끝나는 단어	마지막 자음을 한 번 더 쓰고 -est를 붙여요.	sad – saddest thin – thinnest
자음 + y로 끝나는 단어	y를 i로 바꾸고 -est를 붙여요.	heavy – heaviest pretty – prettiest
3음절 이상의 단어	형용사/부사 앞에 most를 붙여요.	important – most important popular – most popular

2. 불규칙 변화

일정한 규칙 없이 불규칙적으로 변해요.

원급	최상급	원급	최상급
good	best (가장 좋은)	many	most (가장 많은)
well	best (가장 좋은)	much	most (가장 많은)
bad	worst (가장 나쁜)	little	least (가장 적은)

Check

A 다음을 보고 알맞은 최상급의 형태를 고르세요.

1. good   ☐ better   ☑ best

2. strong   ☐ most strongest   ☐ strongest

3. weak   ☐ weakest   ☐ most weakest

4. intelligent   ☐ most intelligent   ☐ intelligentest

5. bad   ☐ worse   ☐ worst

6. sweet   ☐ sweetest   ☐ sweeter

B 다음 문장에서 최상급을 찾아 동그라미 하세요.

1. My mom is the (loveliest) woman in the world.

2. This umbrella is the smallest in the shop.

3. My grandpa is the oldest in my family.

4. I am the smartest in my class.

5. A rhino is the most dangerous animal in the world.

6. I have the shortest hair of us all.

7. She is the tallest in her class.

8. The seventh horse is the fastest of them all.

9. My computer is the slowest in my class.

✏️ 밑줄 친 단어를 올바르게 고치고 문장을 다시 쓰세요.

1 Mary는 / 가장 친절하다. / 우리들 중에서
Mary is <u>a</u> nicest of us all.
→ Mary is the nicest of us all.

2 Mike는 / 가장 훌륭한 무용수이다. / 우리 반에서
Mike is the <u>good</u> dancer in my class.
→

3 나는 / 가장 빠른 육상선수이다. / 세계에서
I am the <u>faster</u> runner in the world.
→

4 Jacob은 / 가장 나이가 많다. / 우리들 중에서
Jacob is the <u>older</u> of us all.
→

5 러시아는 / 가장 추운 나라이다. / 세계에서
Russia is the <u>cold</u> country in the world.
→

6 에베레스트 산은 / 가장 높은 산이다. / 세계에서
Mt. Everest is the <u>higher</u> mountain in the world.
→

7 Jake는 / 가장 게으르다. / 우리 가족 중에서
Jake is the <u>lazier</u> in my family.
→

8 여름은 / 가장 덥다. / 4계절 중에서
Summer is the <u>hotter</u> of the four seasons.
→

9 아이스 하키는 / ~(이)다. / 가장 격렬한 운동
Ice hockey is the <u>violent</u> sport.
→

10 달팽이는 / 가장 느리다. / 동물들 중에서
Snails are the <u>slow</u> of all the animals.
→

Practice

 주어진 단어를 이용하여 우리말 뜻과 일치하도록 문장을 완성하세요.

1. in the solar system. / the smallest planet / Mercury / is   수성은 태양계에서 가장 작은 행성이다.

    → Mercury is the smallest planet in the solar system.

2. He is / my friends. / of / the kindest   그는 내 친구들 중에서 가장 친절한 사람이다.

    → _____

3. in the world. / This building / the tallest / is   이 빌딩은 세계에서 가장 높다.

    → _____

4. in Laos. / the largest / This waterfall / is   이 폭포는 라오스에서 가장 크다.

    → _____

5. the smallest / country / Vatican City is / in the world.   바티칸 시티는 세계에서 가장 작은 나라이다.

    → _____

6. the easiest / Walking / is / exercise.   걷기는 가장 쉬운 운동이다.

    → _____

7. is / in my family. / My dad / the heaviest   우리 아빠는 우리 가족 중에서 가장 무겁다.

    → _____

8. This book / the most enjoyable / is / in this library.   이 책은 이 도서관에서 가장 재미있다.

    → _____

 서술형 맛보기

🔍 아래 그림을 보고 영어 문장을 완성하세요.

The bicycle is _____ of them.

비교급과 최상급의 쓰임

🔍 비교급과 최상급 문장의 형태

비교급과 최상급 문장은 다음과 같이 쓸 수 있어요.

비교급 문장	비교급 + than	~보다 더 ~한/하게
	I am **taller than** her.	나는 그녀보다 키가 더 크다.
최상급 문장	the + 최상급 + in + (장소) of + (복수 명사)	~중에서 가장 ~한/하게
	You are **the tallest in** my class. You are **the heaviest of** all the boys.	너는 우리 반에서 키가 가장 크다. 너는 소년들 중에서 가장 무겁다.

🔍 비교급과 최상급의 쓰임

1. 비교급의 쓰임

〈비교급 + than〉, 〈more 형/부 + than〉의 형태로 써서 비교급 문장을 만들 수 있어요.

비교급 + than	A wolf is **bigger than** a cat.	늑대는 고양이보다 더 크다.
more 형/부 + than	This movie is **more interesting than** that one.	이 영화는 저 영화보다 더 재미있다.

※ 비교급과 **than** 사이에 명사가 올 수도 있어요.

Tom has **more money** than Kevin. (Tom은 Kevin보다 돈을 더 갖고 있다.)

2. 최상급의 쓰임

〈the + 최상급 + in/of〉, 〈the most + 형/부 + in/of〉의 형태로 써서 최상급 문장을 만들 수 있어요.

the + 최상급 + in/of	This elephant is **the biggest** in the zoo.	이 코끼리는 동물원에서 가장 크다.
the most + 원급 + in/of	She is **the most popular of** my friends.	그녀는 내 친구들 중에서 가장 인기가 많다.

※ 최상급과 **in/of** 사이에 명사가 올 수도 있어요.

This is **the most expensive watch** in the shop. (이 시계는 그 가게에서 가장 비싼 시계이다.)

Check

A 왼쪽의 문장을 보고 알맞은 형식에 체크하세요.

1. My phone is the newest one. ☐ 비교급 ☑ 최상급

2. Ron is older than me. ☐ 비교급 ☐ 최상급

3. I am happier than you. ☐ 비교급 ☐ 최상급

4. Cherry cake is the most delicious of them all. ☐ 비교급 ☐ 최상급

5. The Amazon is the longest river in the world. ☐ 비교급 ☐ 최상급

6. That building is taller than this one. ☐ 비교급 ☐ 최상급

B 빈칸에 들어갈 알맞은 단어에 체크하세요.

1. Charlie is younger _____ me. ☑ than ☐ to

2. This issue is much _____ important than that one. ☐ very ☐ more

3. Running is _____ than jumping. ☐ easier ☐ easiest

4. This is _____ thinnest needle in the shop. ☐ most ☐ the

5. His cat is _____ than his dog. ☐ more small ☐ smaller

6. Ted is the _____ important person in our school. ☐ most ☐ very

7. I play hockey much _____ than you. ☐ well ☐ better

8. Today is the _____ day of the year. ☐ hottest ☐ hotter

9. This is _____ widest road in my country. ☐ much ☐ the

Drill

✏️ 밑줄 친 단어를 올바르게 고치고 문장을 다시 쓰세요.

1 컴퓨터는 / 더 크다. / 스마트폰보다
Computers are <u>biger</u> than smartphones.
→ Computers are bigger than smartphones.

2 코끼리는 / 더 뚱뚱하다. / 하마보다
Elephants are <u>more fat</u> than hippos.
→

3 패스트푸드는 / 더 나쁘다. / 건강에 / 과일보다
Fast food is <u>badder</u> for health than fruit.
→

4 이 드라마는 / 더 지루하다. / 그 영화보다
This drama is <u>very</u> boring than the movie.
→

5 나는 / 가장 빠르다. / 내 친구들 중에서
I am the <u>faster</u> of my friends.
→

6 이 소설은 / 가장 재미있다. / 이 책들 중에서
This novel is the <u>much</u> interesting of these books.
→

7 나는 / 가지고 있다. / 가장 긴 머리를 / 우리 가족 중에서
I have <u>a</u> longest hair in my family.
→

8 이 바이올린은 / 가장 비싼 것이다. / 세계에서
This violin is the <u>expensivest</u> in the world.
→

9 겨울은 / 더 춥다. / 봄보다
Winter is <u>the coldest</u> than spring.
→

10 한라산은 / 더 높다. / 지리산보다
Mt. Halla is <u>more high</u> than Mt. Jiri.
→

Practice

 주어진 단어를 이용하여 우리말 뜻과 일치하도록 문장을 완성하세요.

1. Mom / in my family. / the tallest / is   엄마는 우리 가족 중에서 키가 제일 크다.
    → Mom is the tallest in my family.

2. than / my brother. / wake up / earlier / I   나는 오빠보다 일찍 일어난다.
    → _____

3. is / the deepest / The Atlantic Ocean / in the world.   대서양은 세계에서 제일 깊은 바다이다.
    → _____

4. the largest room / This / is / in my house.   이 방이 우리 집에서 가장 크다.
    → _____

5. cleaner / than / his. / is / Your house   너의 집은 그의 집보다 깨끗하다.
    → _____

6. longer / This tie / is / than mine.   이 넥타이는 내 것보다 더 길다.
    → _____

7. the easiest / Math / for me. / is / subject   수학은 나에게 가장 쉬운 과목이다.
    → _____

8. of my clothes. / This dress / the / is / longest   이 드레스가 나의 옷 중에서 가장 길다.
    → _____

 서술형 맛보기

🔍 아래 내용을 보고 빈칸에 키가 큰 순서대로 알맞은 사람의 이름을 쓰세요.

> Mike is the tallest boy of us.
> I am shorter than Mike.
> Mina is taller than me.

_____ > _____ > _____

1 다음 중 관계가 알맞게 짝지어진 것이 <u>아닌</u> 것을 고르세요.
① important – most important
② afraid – afraidest
③ cheap – cheapest
④ dark – darkest

[2-4] 다음 빈칸에 들어갈 말로 가장 알맞은 말을 고르세요.

2 Lions are _____ dangerous than wolves.

① the most
② most
③ than
④ more

3 Jen is the _____ person in my class.

① funny
② funnier
③ funniest
④ most funny

4 My hands are _____ than yours.

① biggest
② bigger
③ more big
④ more bigger

5 (A), (B)에 들어갈 가장 적절한 것을 고르세요.

This fishing rod is (A) longer / more long than mine.
Today is (B) more sunny / sunnier than yesterday.

	(A)	(B)
①	longer	more sunny
②	longer	sunnier
③	more long	more sunny
④	more long	sunnier

6 아래 문장 중 종류가 <u>다른</u> 하나를 고르세요.
① My cake is more delicious than yours.
② Red curry is spicier than green curry.
③ That restaurant is the farthest from my house.
④ His backpack is heavier than yours.

7 다음 문장 중 어법상 <u>틀린</u> 것을 고르세요.
① This spider is bigger than that butterfly.
② He is the oldest in his family.
③ She is tallest than me.
④ My shoes are bigger than yours.

[8-9] 다음 빈칸에 공통으로 들어갈 말로 가장 알맞은 말을 고르세요.

8
• A whale shark is _____ largest fish.
• The Amazon is _____ longest river in the world.
• I always buy _____ sweetest oranges.

① more
② much
③ the
④ most

9

- My cat is ＿＿＿＿＿＿ beautiful than your dog.
- This cup is ＿＿＿＿＿＿ expensive than mine.
- I like tulips ＿＿＿＿＿＿ than roses.

① the   ② much   ③ more   ④ very

10 주어진 문장을 올바르게 바꾼 것을 고르세요.

① She loves the bigger cake of them all. → She loves the most big cake of them all.
② He is the talented pianist in the world. → He is more talented pianist in the world.
③ Your laptop is expensiver than mine. → Your laptop is more expensive than mine.
④ Nathan is tall than me. → Nathan is the tallest than me.

11 밑줄 친 부분이 어법상 틀린 것을 찾으세요.

① The concert is <u>funnier</u> than last year's.
② My old table is <u>small</u> than yours.
③ I am <u>lazier</u> than my brother.
④ Chinese food is <u>more delicious</u> than French food.

진짜 잘 풀리는 서술형

1 아래 문장에서 틀린 부분을 찾아 바르게 고쳐 쓰세요.

That is big than this.   ＿＿＿＿＿＿＿ → ＿＿＿＿＿＿＿

2 주어진 단어를 활용하여 문장을 완성하세요.

- **활용 단어** : large / that bookstore   - **우리말 뜻** : 이 서점은 저 서점보다 더 크다.

→ This bookstore is ＿＿＿＿＿＿＿＿＿＿＿.

[3-4] 다음 그림을 보고 빈칸에 알맞은 말을 넣으세요.

FINISH

3 The yellow car is ＿＿＿＿＿ than the blue car.
4 The red car is the ＿＿＿＿＿ of those cars.

UNIT 6

조동사

실전 TEST

⭐ 조동사

조동사는 '**동사를 도와 의미를 더해준다**'라는 말이에요.

She	plays		the guitar.	그녀는 기타를 친다.
She	can	play	the guitar.	그녀는 기타를 칠 수 있다.
She	must	play	the guitar.	그녀는 기타를 쳐야만 한다.
She	should	play	the guitar.	그녀는 기타를 치는 것이 좋겠다.

조동사

'(기타를) **치다**'라는 일반동사 play에 can, must, shold라는 조동사를 더하니 '(기타를) **칠 수 있다, 쳐야만 한다, 치는 것이 좋겠다**'라는 의미가 더해졌어요. 이처럼 조동사는 be동사와 일반동사 앞에 쓰여 동사만으로는 표현할 수 없는 **능력, 허가, 의무, 추측** 등의 의미를 더해줘요.

⭐ 조동사의 부정문과 의문문

조동사의 부정문은 〈주어 + 조동사 + not + 동사원형〉의 형태로 쓰고, 의문문은 〈조동사 + 주어 + 동사원형 ~?〉의 형태로 써요.

He may not play the guitar.
그는 기타를 쳐서는 안 된다.

Can you play the guitar?
너는 기타를 칠 수 있니?

Part 1

조동사 can과 may

🔍 조동사란?

조동사는 be동사, 일반동사와 함께 써서 동사를 도와 의미를 더해주는 말이에요.

I	**speak**	English.	나는 영어를 말한다.
I	**can** → **speak**	English	나는 영어를 말할 수 있다.

※ 조동사 뒤에는 항상 동사원형을 쓰고, am. are. is는 조동사 다음에 be로 써요.

She **may be** tired. (그녀는 피곤할지도 모른다.)

🔍 조동사 can과 may의 의미

1. can의 의미

능력	~할 수 있다	I **can** ride a bike.	나는 자전거를 탈 수 있다.
허가	~해도 좋다	You **can** use my laptop.	너는 내 노트북을 써도 된다.
	~해도 될까요?	**Can** I turn on the light?	제가 불을 켜도 될까요?
요청	~해 주시겠어요?	**Can** you close the window?	창문 좀 닫아주시겠어요?

2. may의 의미

추측	~일지도 모른다	It **may** rain tomorrow.	내일 비가 올지도 모른다.
허가	~해도 좋다	You **may** go home now.	너는 지금 집에 가도 좋다.
	~해도 될까요?	**May** I sit here?	제가 여기 앉아도 될까요?

3. 허가나 요청에 대답하기

허가/요청	**Can (May)** I open the window?	제가 창문을 열어도 될까요?
긍정의 대답	Yes, you can (may). / Sure. / Of course.	네. 됩니다. / 그럼요. / 물론이죠.
부정의 대답	No, you can't (may not). / I'm afraid not.	아니요, 안 됩니다. / 죄송하지만 안 돼요.

A 다음 문장에서 밑줄 친 조동사의 의미를 고르세요.

1. You <u>may</u> go home. ☑ 허가 ☐ 요청

2. You <u>can</u> draw a tiger very well. ☐ 능력 ☐ 요청

3. <u>Can</u> I go to the playground? ☐ 허가 ☐ 추측

4. The store <u>may</u> close early today. ☐ 추측 ☐ 허가

5. It <u>may</u> be sunny tomorrow. ☐ 허가 ☐ 추측

6. I <u>can</u> make an apple pie. ☐ 허가 ☐ 능력

B 다음 문장에서 밑줄 친 부분에 들어갈 알맞은 말을 고르세요.

1. May I _____ the door? ☐ opening ☑ open

2. You can _____ the door. ☐ close ☐ closing

3. I _____ smell the flower. ☐ may ☐ can

4. Can you _____ me up at the restaurant? ☐ pick ☐ picking

5. He _____ swim very fast. ☐ is ☐ can

6. It _____ be foggy today. ☐ may ☐ is

7. Can I _____ these noodles? ☐ have ☐ having

8. She _____ drive a boat. ☐ may ☐ is

9. You _____ win a prize. ☐ are ☐ may

📝 밑줄 친 단어를 올바르게 고치고 문장을 다시 쓰세요.

1 나는 / 할 수 있다. / 운전을
I can <u>driving</u>. → I can drive.

2 될까요? / 내가 / 차를 운전해도
<u>Do</u> I drive the car? →

3 그는 / 연주할 수 있다. / 드럼을
He can <u>playing</u> the drums. →

4 Sarah는 / 고칠 수 있다. / 어떠한 기계도
Sarah <u>may</u> fix any machine. →

5 그는 / 가져올지도 모른다. / 케이크를 / 우리를 위해
He <u>is</u> bring a cake for us. →

6 될까요? / 내가 / 이 장난감을 가져가도
May I <u>taking</u> this toy? →

7 열어 주시겠어요? / 이 병을
Can you <u>opening</u> this jar? →

8 그녀는 / 할 수 있다. / 암벽등반을
She <u>may</u> rock climb. →

9 나는 / 닦을 수 있다. / 이를 / 스스로
I <u>may</u> brush my teeth by myself. →

10 도와줄 수 있나요? / 나를
Can you <u>helping</u> me? →

Practice

 주어진 단어를 이용하여 우리말 뜻과 일치하도록 문장을 완성하세요.

1. use / the bathroom? / I / Can   화장실을 사용해도 될까요?

→ Can I use the bathroom?

2. may / dinner / have / You / now.   너는 이제 저녁을 먹어도 좋다.

→ _____

3. go / to bed? / I / Can   제가 자러 가도 될까요?

→ _____

4. Eunice / ride / can / a horse.   Eunice는 말을 탈 수 있다.

→ _____

5. a message? / I / May / leave   제가 메모를 남겨도 될까요?

→ _____

6. read / can / He / French.   그는 프랑스어를 읽을 수 있다.

→ _____

7. play / may / games. / You   너는 게임을 해도 된다.

→ _____

8. drink / coffee. / She / can   그녀는 커피를 마실 수 있다.

→ _____

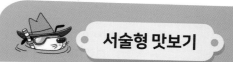 서술형 맛보기

🔍 아래 그림을 보고 영어 문장을 완성하세요.

Ⓐ Can I paint the eggs?

Ⓑ Yes, _____.

조동사 must, have to, should

🔍 의무, 추측, 충고를 나타내는 조동사

조동사 **must**와 **have(has) to**는 '~해야 한다'라는 **강한 의무**를 나타내고, **should**는 '~해야 한다', '~하는 것이 좋겠다'의 의미로 **약한 의무**를 나타내거나 상대방에게 충고를 할 때 써요.

| I | **must** / **have to** (의무) | save money. | 나는 돈을 절약해야 한다. |
| You | **should** (충고) | eat vegetables. | 너는 채소를 먹는 게 좋겠다. |

🔍 조동사 must, have to, should의 의미

1. must의 의미

의무	~해야 한다	You **must** listen to your teacher.	너는 선생님 말씀을 잘 들어야 한다.
추측	~임에 틀림없다	Look at his car. He **must** be rich.	그의 차를 봐. 그는 부자임에 틀림없다.

2. have(has) to의 의미

의무	~해야 한다	I **have to** help my mom.	나는 엄마를 도와야 한다.
		She **has to** feed her dog.	그녀는 강아지에게 먹이를 줘야 한다.

※ have to는 주어가 3인칭 단수 일 때 has to로 나타내요.
  He **has to** clean his room. (그는 그의 방을 청소해야 한다.)

3. should의 의미

의무, 충고	~해야 한다 ~하는 게 좋겠다	You **should** get up early.	너는 일찍 일어나야 한다.
		You **should** stay home.	너는 집에 머무는 게 좋겠다.

Check

A 다음 문장에서 밑줄 친 조동사의 의미를 고르세요.

1.	I <u>must</u> finish my chores by 7 p.m.	☑ 의무	☐ 충고
2.	You <u>should</u> exercise every day.	☐ 의무	☐ 충고
3.	He <u>has to</u> go to the community center.	☐ 의무	☐ 추측
4.	I <u>have to</u> look after my dog.	☐ 의무	☐ 충고
5.	You <u>should</u> put the balls back.	☐ 의무	☐ 충고
6.	She <u>must</u> be a doctor.	☐ 의무	☐ 추측

B 다음 문장에서 밑줄 친 부분에 들어갈 알맞은 말을 고르세요.

1.	You must _____ your dog every day.	☐ walking	☑ walk
2.	I _____ wear a uniform.	☐ have to	☐ has to
3.	He should _____ a doctor today.	☐ see	☐ seeing
4.	You should _____ your hair every day.	☐ brush	☐ brushed
5.	Tom _____ be the oldest in the class.	☐ must	☐ should
6.	She has to _____ black pants.	☐ wear	☐ wearing
7.	I _____ have lunch today.	☐ has to	☐ must
8.	He has to _____ off his hat.	☐ take	☐ taking
9.	She should _____ lots of water.	☐ drink	☐ drinking

✏️ 밑줄 친 단어를 올바르게 고치고 문장을 다시 쓰세요.

1　그녀는 / 연습하는 게 좋겠다. / 드럼 연주를 / 매일
She <u>must</u> practice playing
the drums every day.
→ She should practice playing the drums every day.

2　Ruth는 / 틀림없다. / 드러머임에
Ruth <u>should</u> be a drummer.
→

3　너는 / 신는 게 좋겠다. / 운동화를 / 체육관에서
You <u>have to</u> wear sneakers
in the gym.
→

4　일본에서 / 너는 / 해야 한다. / 운전을 / 오른쪽에서
You <u>should</u> drive on the right in Japan.
→

5　너는 / 해야 한다. / 정원 청소를 / 매일 아침
You <u>should</u> clean the garden
every morning.
→

6　너는 / 신는 게 좋겠다. / 슬리퍼를 / 방에서
You <u>must</u> wear slippers in the room.
→

7　그는 / 해야 한다. / 샤워를 / 매일
He <u>can</u> take a shower every day.
→

8　틀림없다. / 날씨가 좋을 것이 / 내일
It <u>should</u> be sunny tomorrow.
→

9　그녀는 / 틀림없다. / 가장 키가 큰 것이 / 그녀의 친구들 중에서
She must <u>being</u> the tallest
of her friends.
→

10　너는 / 해야 한다. / 너의 이를 닦는 것을 / 매일
You must <u>brushing</u> your teeth
every day.
→

Practice

주어진 단어를 이용하여 우리말 뜻과 일치하도록 문장을 완성하세요.

1. at 8 a.m. / must / He / arrive 　　　그는 아침 8시에 도착해야 한다.

→ He must arrive at 8 a.m.

2. You / do / your best. / have to 　　　너는 최선을 다해야 한다.

→ _____

3. must / cross / the bridge. / He 　　　그는 그 다리를 건너야 한다.

→ _____

4. to them. / should / You / talk 　　　너는 그들과 말해 보는 것이 좋겠다.

→ _____

5. to school. / go back / I / have to 　　　나는 학교에 돌아가야 한다.

→ _____

6. must / You / turn off / your cell phone. 　　　너는 너의 핸드폰 전원을 꺼야 한다.

→ _____

7. in Korean. / must / speak / You 　　　너는 한국어로 말해야 한다.

→ _____

8. wear / a coat. / have to / You 　　　너는 코트를 입어야 한다.

→ _____

 서술형 맛보기

Tim's To-Do List

1. wash the dog ✓

2. wash the dishes

3. drink water ✓

Tim의 할 일을 나열한 왼쪽 노트를 보고, 문장을 완성하세요.

Tim must _____ .

조동사의 부정문과 의문문

🔍 조동사의 부정문과 의문문의 형태

조동사의 부정문은 조동사 뒤에 **not**을 쓰고, 의문문은 주어와 조동사의 위치를 바꾸고 동사원형을 써요.

부정문	조동사 can/may/must/should ＋ not
의문문	조동사 can/may/must/should ＋ 주어 ＋ 동사원형 ～?

🔍 조동사의 부정문과 의문문

1. 조동사의 부정문

조동사의 부정문은 조동사 뒤에 not을 써요.

	cannot(=can't)	play the piano.	그는 피아노를 칠 수 없다.
He	**may not**	be happy.	그는 행복하지 않을지도 모른다.
	must not	close the door.	그는 문을 닫아서는 안 된다.
	should not	eat junk food.	그는 패스트푸드를 먹지 않는 게 좋겠다.

※ have(has) to의 부정문은 **don't(doesn't) have to**로 쓰고, '～할 필요 없다'라는 의미를 나타내요.

You **don't have to** park here. (너는 여기에 주차할 필요가 없다.)

She **doesn't have to** learn English. (그녀는 영어를 배울 필요가 없다.)

2. 조동사의 의문문

조동사의 의문문은 주어와 조동사의 위치를 바꾸고 마지막에 물음표(?)를 써요.

※ 조동사의 의문문에 대한 대답은 다음과 같이 해요.

긍정의 대답	Yes, 주어 ＋ 조동사. / Sure. / Of course.	네, 됩니다. / 그럼요. / 물론이죠.
부정의 대답	No, 주어 ＋ 조동사 ＋ not. / I'm afraid not.	아니요, 안 됩니다. / 죄송하지만 안 돼요.

Check

A 왼쪽의 문장을 보고 알맞은 형태에 체크하세요.

1.	He may not be an engineer.	☑ 부정문	☐ 의문문
2.	It may be cloudy tomorrow.	☐ 긍정문	☐ 의문문
3.	You should not eat candies.	☐ 긍정문	☐ 부정문
4.	I cannot read Japanese.	☐ 의문문	☐ 부정문
5.	May I use your cell phone?	☐ 의문문	☐ 긍정문
6.	He should take a nap.	☐ 긍정문	☐ 부정문

B 밑줄 친 우리말 뜻에 맞는 알맞은 말을 고르세요.

1.	그녀는 커피를 <u>마실 수 없다</u>.	☐ can	☑ cannot
2.	Tim은 작가가 <u>아닐 지도 모른다</u>.	☐ may	☐ may not
3.	<u>우리가</u> 너의 집에 놀러 <u>가도 되니</u>?	☐ May we	☐ We may
4.	그는 복숭아를 먹어서는 <u>안 된다</u>.	☐ must not	☐ must
5.	그녀는 새들에게 가까이 <u>가지 않는 것이 좋겠다</u>.	☐ should	☐ should not
6.	내가 너를 <u>도와줘도 되니</u>?	☐ I may	☐ May I
7.	그는 <u>노래하지 않는 것이 좋겠다</u>.	☐ Should he	☐ He should not
8.	그는 저녁에 레스토랑에 <u>가야 한다</u>.	☐ must	☐ must not
9.	내가 우유 한 통을 <u>사도 되니</u>?	☐ I can	☐ Can I

Drill

밑줄 친 단어를 올바르게 고치고 문장을 다시 쓰세요.

1 화창하지 않을지도 모른다. / 내일
It <u>may</u> be sunny tomorrow. → It may not be sunny tomorrow.

2 너는 / 사지 않는 게 좋겠다. / 초콜릿을
You <u>should</u> buy chocolate. →

3 내가 / 사도 되니? / 저 장난감 비행기를
I <u>may</u> buy that toy airplane? →

4 그녀는 / 해서는 안 된다. / 축구를 / 집에서
She <u>must</u> play soccer at home. →

5 그녀는 / 탈 줄 모른다. / 말을
She <u>can</u> ride a horse. →

6 내가 / 빌려도 되니? / 너의 지우개를
I <u>can</u> borrow your eraser? →

7 그는 / 할 필요가 없다. / 바닥을 쓰는 것을
He <u>has to</u> sweep the floor. →

8 나는 / 수영을 못한다. / 바다에서
I <u>can</u> swim in the ocean. →

9 그는 / 해서는 안 된다. / 수영을 / 강에서
He <u>must</u> swim in the river. →

10 그는 / 할 필요가 없다. / 혼자서 일을
He <u>has to</u> work alone. →

Practice

✏️ 주어진 단어를 이용하여 우리말 뜻과 일치하도록 문장을 완성하세요.

1. She / too much. / sleep / should not

   그녀는 오래 자지 않는 게 좋겠다.

   → She should not sleep too much.

2. He / a pianist. / be / may not

   그는 피아니스트가 아닐지도 모른다.

   → _____

3. call / Can / you? / I

   내가 너에게 전화를 해도 되니?

   → _____

4. buy / books. / He / doesn't have to

   그는 책을 살 필요 없다.

   → _____

5. must not / jump / on the sofa. / She

   그녀는 소파에서 뛰면 안 된다.

   → _____

6. snow / It / tomorrow. / may not

   내일 눈이 안 올지도 모른다.

   → _____

7. give him / Can / a gift? / I

   내가 그에게 선물을 줘도 되니?

   → _____

8. help / I / May / you?

   내가 너를 도와줘도 되니?

   → _____

서술형 맛보기

🔍 아래의 조건을 충족하는 영어 문장을 만드세요.

✏️ 조건1 'Tom은 옷을 살 필요가 없다.' 라는 우리말 뜻을 충족할 것

✏️ 조건2 동사 buy와 명사 clothes를 사용하여 문장을 완성할 것

→ _____

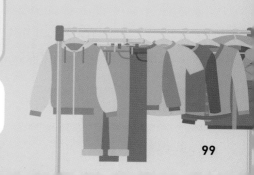

1 다음 중 관계가 알맞게 짝지어진 것이 <u>아닌</u> 것을 고르세요.

① should – should not ② can – cannot ③ must – don't have to ④ may – may not

[2-4] 다음 빈칸에 들어갈 말로 가장 알맞은 말을 고르세요.

2

He _____ hit any animals.

① don't must ② must not ③ not must ④ isn't must

3

Beth _____ read a book aloud.

① should ② is ③ are ④ don't have to

4

I _____ eat tomatoes and carrots.

① has to ② is ③ can ④ are

5 (A), (B)에 들어갈 가장 적절한 것을 고르세요.

· She ___(A)___ send him a gift.
· You ___(B)___ drive a motorcycle.

	(A)	(B)
①	should	cannot
②	should	are not
③	is	cannot
④	is	are not

6 다음 밑줄 친 조동사의 의미가 <u>다른</u> 것을 고르세요.

① He <u>should</u> check the map now. ② She <u>must</u> stop eating chocolate.
③ I <u>cannot</u> read Spanish. ④ I <u>have to</u> finish my homework.

7 어법상 밑줄 친 부분이 <u>틀린</u> 문장을 고르세요.

① She <u>may raise</u> three cats. ② I <u>must writes</u> a diary every day.
③ My father <u>should see</u> a dentist. ④ You <u>don't have to</u> eat out for dinner.

8 다음 빈칸에 공통으로 들어갈 말로 가장 알맞은 말을 고르세요.

· He should not _____ in the school.
· You must not _____ in the library.
· She cannot _____ in the swimming pool.

① running ② is run ③ run ④ am run

9 주어진 문장을 올바르게 바꾼 것을 고르세요.

① Mel should wears a coat. → Mel should wearing a coat.

② You doesn't have to listen to the news. → You don't have to listen to the news.

③ He musts put his socks on. → He does must put his socks on.

④ She cannot putting the clock on the wall. → She doesn't can put the clock on the wall.

10 다음 문장 중 어법상 틀린 것을 고르세요.

① Ron should turn off his cell phone.

② Gina can bake a cake for her daughter's birthday party.

③ He may come to the park at 7 p.m.

④ You doesn't have to listen to the lecture.

11 다음 문장 중 어법상 옳은 것을 고르세요.

① I can blowing a balloon.

② You mayn't open the window.

③ It may be cold tomorrow.

④ She must been poor.

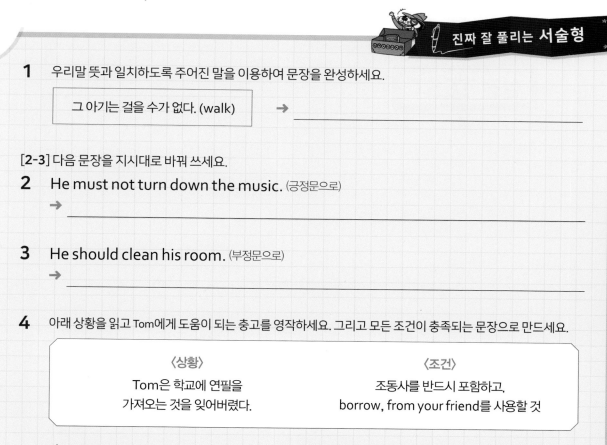

진짜 잘 풀리는 서술형

1 우리말 뜻과 일치하도록 주어진 말을 이용하여 문장을 완성하세요.

| 그 아기는 걸을 수가 없다. (walk) | → _____ |

[2-3] 다음 문장을 지시대로 바꿔 쓰세요.

2 He must not turn down the music. (긍정문으로)

→ _____

3 He should clean his room. (부정문으로)

→ _____

4 아래 상황을 읽고 Tom에게 도움이 되는 충고를 영작하세요. 그리고 모든 조건이 충족되는 문장으로 만드세요.

〈상황〉	〈조건〉
Tom은 학교에 연필을 가져오는 것을 잊어버렸다.	조동사를 반드시 포함하고, borrow, from your friend를 사용할 것

→ _____

UNIT 7

의문사

실전 TEST

⭐ 의문사

의문사는 궁금한 것이 있을 때 물어보는 말이에요.

⭐ 의문사 who, what, when, where, how, why

의문사는 '**누가, 무엇을, 언제, 어디서, 어떻게, 왜**' 등 구체적인 내용을 물어보기 위해 사용하는 말이에요.

I have a new friend.
나에게 새로운 친구가 생겼어.

Who?	사람	**누구**야?
What?	사물	이름이 **뭐**야?
When?	시간	생일은 **언제**야?
Where?	장소	**어디**에 살아?
How?	방법, 상태	학교는 **어떻게** 간대?
Why?	이유	**왜** 좋아해?

⭐ 의문사 의문문

What is your favorite animal?
네가 가장 좋아하는 동물은 뭐니?

When do you feed your dog?
너는 언제 강아지에게 먹이를 주니?

의문사가 있는 의문문은 be동사와 일반동사의 의문문 맨 앞에 의문사를 써서 나타내요.

Is this your book? 이것은 너의 책이니? → **What is this?** 이것은 무엇이니?

Do you like Paul? 너는 Paul을 좋아하니? → **Who do you like?** 너는 누구를 좋아하니?

의문사 who, what

🔍 의문사란?

의문사는 '**누가, 무엇을, 언제, 어디서, 어떻게, 왜**' 등 구체적인 정보를 물을 때 사용하는 말이에요.

의문사	동사	주어
Who (누구)	is (이다)	the man? (그 남자는)
What (무엇)	is (이다)	his job? (그의 직업은)

※ 의문사는 문장의 맨 앞에 와요.

🔍 의문사 who와 what

1. who의 쓰임

'누구, 누구를'이라는 뜻으로 사람에 대해 물어볼 때 써요.

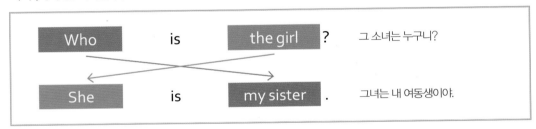

Who	is	the girl	?	그 소녀는 누구니?
She	is	my sister	.	그녀는 내 여동생이야.

※ who로 묻는 의문에 대한 대답은 사람으로 해요.

Ⓐ **Who** do you like? (너는 누구를 좋아하니?)　　Ⓑ I like **Jane**. (나는 Jane을 좋아해.)

2. what의 쓰임

'무엇, 무엇을'이라는 뜻으로 무엇인지 물어볼 때 써요.

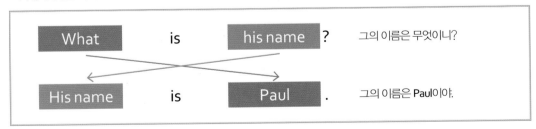

What	is	his name	?	그의 이름은 무엇이니?
His name	is	Paul	.	그의 이름은 Paul이야.

※what으로 묻는 의문에 대한 대답은 일이나 사건, 사물 등으로 해요.

Ⓐ **What** do you like? (너는 무엇을 좋아하니?)　　Ⓑ I like **dogs**. (나는 강아지를 좋아해.)

Check

A A의 질문에 B 가 올바르게 대답했다면 O에, 틀리게 대답을 했다면 X에 표시하세요.

1. A: Who is that boy?　B: He is my boyfriend.　☑ O　☐ X

2. A: Who do you see?　B: I see Ethan.　☐ O　☐ X

3. A: Who are they?　B: They are hospitals.　☐ O　☐ X

4. A: What do you want to eat?　B: I want peaches.　☐ O　☐ X

5. A: Who are they?　B: Her name is Tina.　☐ O　☐ X

6. A: Who do you meet?　B: I meet Sam.　☐ O　☐ X

B 다음 문장에서 밑줄 친 곳에 들어갈 알맞은 말을 고르세요.

1. A: _____ is that woman?　B: She is the new nurse.　☑ Who　☐ What

2. A: _____ do you like?　B: I like my mom and dad.　☐ Who　☐ What

3. A: _____ do you like?　B: I like pizza.　☐ Who　☐ What

4. A: What is _____ ?　B: My name is Carl.　☐ your name　☐ his name

5. A: _____ is he?　B: He is a new technician.　☐ Who　☐ What

6. A: What do _____ have?　B: I have a map.　☐ you　☐ I

7. A: _____ are those?　B: They are rabbits.　☐ Who　☐ What

8. A: What is the dog's name?　B: _____ is Betty.　☐ Her name　☐ Her

9. A: _____ is that?　B: It is my pencil.　☐ Who　☐ What

Drill

밑줄 친 단어를 올바르게 고치고 문장을 다시 쓰세요.

1 무엇을 / 너는 / 원하니?
Who do you want? → What do you want?

2 누구 / 이니? / 그는
What is he? →

3 누구를 / 너는 / 만나니?
What do you meet? →

4 누구를 / 책이니? / 이 책은 / 위한
What is this book for? →

5 무엇 / 이니? / 그의 이름은
Who is his name? →

6 무엇을 / 너는 / 공부하니?
Who do you study? →

7 누구 / 이니? / 네가 가장 좋아하는 / 선수는
What is your favorite player? →

8 무엇을 / 그녀는 / 아니?
What do she know? →

9 누구를 / 그는 / 기다리니?
What does he wait for? →

10 무엇 / 이니? / 그의 직업은
What does his job? →

Practice

✏️ 주어진 단어를 이용하여 우리말 뜻과 일치하도록 문장을 완성하세요.

1. that boy? / is / Who   저 소년은 누구니?

→ <u>Who is that boy?</u>

2. help? / Who / you / do   너는 누구를 돕니?

→ _____

3. What / teach? / do / you   너는 무엇을 가르치니?

→ _____

4. they? / are / What   그것들은 무엇이니?

→ _____

5. buy / do / you / at the grocery store? / What   너는 슈퍼마켓에서 무엇을 사니?

→ _____

6. song? / is / What / your favorite   네가 가장 좋아하는 노래는 무엇이니?

→ _____

7. What / like? / Mr. White / does   White 씨는 무엇을 좋아하니?

→ _____

8. does / Who / miss? / she   그녀는 누구를 그리워하니?

→ _____

서술형 맛보기

🔍 아래 사진을 보고 영어 문장을 완성하세요.

Ⓐ Who has long brown hair?

Ⓑ _____ has long brown hair.

의문부사란?

의문사 중 **'언제, 어디서, 어떻게, 왜'**라고 물을 때 사용하는 말을 의문부사라고 해요.

의문사	동사	주어
When (언제)	is (이다)	your birthday? (너의 생일은)
Where (어디)	is (있다)	he? (그는)
How (어떻게)	are (이다)	your parents? (너의 부모님은)
Why (왜)	are (이다)	you sad? (너는 슬프다)

의문사 when, where, how, why

1. when과 where의 쓰임

when은 시간이나 날짜, where는 장소를 물을 때 사용해요.

때	**When** is her birthday?	그녀의 생일은 언제니?	It's May 4th.	5월 4일이다.
	When do you get up?	너는 언제 일어나니?	I get up at 7 a.m.	나는 7시에 일어난다.
장소	**Where** are you?	너는 어디에 있니?	I'm in my room.	나는 내 방에 있다.
	Where do you live?	너는 어디에 사니?	I live in New York.	나는 뉴욕에 산다.

※ when으로 묻는 의문문에 대한 대답은 날짜나 시간으로 하고, where로 묻는 의문문에 대한 답은 장소로 해요.

2. how와 why의 쓰임

how는 상태나 방법을, why는 이유를 물을 때 사용해요.

상태	**How** is your steak?	너의 스테이크는 어떠니?	It's delicious.	그것은 맛있다.
방법	**How** do you go there?	너는 어떻게 거기에 가니?	I go there by bus.	나는 버스로 거기에 간다.
이유	**Why** are you happy?	너는 왜 행복하니?	Because it's sunny.	왜냐하면 날씨가 화창하기 때문이다.
	Why do you like Tom?	너는 왜 Tom을 좋아하니?	Because he is kind.	왜냐하면 그는 친절하기 때문이다.

※ how로 묻는 의문문에 대한 대답은 상태나 방법을 설명하는 말로 하고, why로 묻는 의문문에 대한 답은 because로 해요.

A 밑줄 친 한글 뜻에 맞는 의문사를 고르세요.

1.	너는 <u>언제</u> 공항에 가니?	☐ Why	☑ When
2.	너는 <u>왜</u> 그 일을 하니?	☐ How	☐ Why
3.	너는 커피숍까지 <u>어떻게</u> 가니?	☐ How	☐ Why
4.	그 피자 가게는 <u>어디니</u>?	☐ How	☐ Where
5.	너는 요즘 <u>어떻니</u>?	☐ How	☐ Where
6.	그는 <u>왜</u> 너에게 전화를 거니?	☐ Why	☐ Where

B 다음 문장에서 밑줄 친 곳에 들어갈 알맞은 말을 고르세요.

1.	_____ is your graduation ceremony?	☐ Why	☑ When
2.	_____ do you like him?	☐ Where	☐ Why
3.	_____ is the cake?	☐ How	☐ When
4.	_____ are you?	☐ Why	☐ How
5.	_____ is the farmers market?	☐ Where	☐ Why
6.	_____ do you get to Busan?	☐ How	☐ Where
7.	_____ are they?	☐ Where	☐ When
8.	_____ is your baby?	☐ When	☐ How
9.	_____ is the weather today?	☐ How	☐ Where

✎ 밑줄 친 단어를 올바르게 고치고 문장을 다시 쓰세요.

1 어디에서 / 그는 / 사니?
Where <u>do</u> he live?
→ Where does he live?

2 언제 / 너는 / 떠나니?
When <u>are</u> you leave?
→

3 왜 / 너는 / 걱정하니?
<u>How</u> are you worried?
→

4 왜 / 너는 / 배우니? / 핀란드어를
<u>Where</u> do you learn Finnish?
→

5 어디에서 / 너는 / 수영하니?
<u>Why</u> do you swim?
→

6 어떻게 / 너는 / 가니? / 학교에
<u>Where</u> do you go to school?
→

7 어떻게 / 너는 / 오르니? / 나무를
<u>Why</u> do you climb a tree?
→

8 언제 / 그 수업은 / 시작하니?
<u>How</u> does the class start?
→

9 어디 / 너는 / 출신이니?
<u>Why</u> are you from?
→

10 어디에서 / 그는 / 사니? / 그의 옷을
Where <u>do</u> he buy his clothes?
→

Practice

✎ 주어진 단어를 이용하여 우리말 뜻과 일치하도록 문장을 완성하세요.

1. do / you / buy your coffee? / Where　　　　너는 어디에서 커피를 사니?

   → Where do you buy your coffee? _____

2. What / your favorite food? / is　　　　네가 가장 좋아하는 음식은 뭐니?

   → _____

3. the best / football player? / Who / is　　　　최고의 풋볼 선수는 누구니?

   → _____

4. your best friend? / is / Who　　　　너의 가장 친한 친구는 누구니?

   → _____

5. is / What / the problem?　　　　문제가 무엇이니?

   → _____

6. is / your hometown? / Where　　　　너의 고향은 어디니?

   → _____

7. Where / Ron / does / study?　　　　Ron은 어디에서 공부하니?

   → _____

8. winter? / like / do you / Why　　　　너는 왜 겨울을 좋아하니?

   → _____

서술형 맛보기

🔍 아래 그림을 보고 문장의 빈칸을 완성하세요.

Ⓐ _____ does Kate do?

Ⓑ She walks her dog.

의문사 의문문

의문사가 있는 의문문의 형태

의문사가 있는 의문문은 문장 맨 앞에 의문사를 써요.

be동사 의문문	의문사 + be동사 + 주어 ~?	Who is he? (그는 누구니?)
일반동사 의문문	의문사 + do/does + 주어 + 동사원형	What do you like? (너는 무엇을 좋아하니?)

be동사 의문문과 일반동사 의문문의 쓰임

1. be동사 의문문의 쓰임

평서문	You are Jane.	It is a dog.
의문문	Are you Jane?	Is it a dog?
be동사 의문문	**Who** are you? 너는 누구니?	**What** is it? 그것은 무엇이니?

※ be동사는 뒤에 나오는 주어에 따라 **am/are/is**로 달라져요.

2. 일반동사 의문문의 쓰임

평서문	He needs a pen.	You like Paul.
의문문	Does he need a pen?	Do you like Paul?
일반동사 의문문	**What** does he need? 그는 무엇을 필요로 하니?	**Who** do you like? 너는 누구를 좋아하니?

※ 뒤에 나오는 주어가 3인칭 단수이면 **do** 대신 **does**를 쓰고 주어 뒤에는 동사원형을 써요.

Check

A 밑줄 친 단어가 맞으면 O에, 틀리면 X에 표시하세요.

1. What <u>is</u> he teach? ☐ O ☑ X
2. What <u>does</u> his name? ☐ O ☐ X
3. What <u>does</u> she study? ☐ O ☐ X
4. How <u>is</u> he get to work? ☐ O ☐ X
5. Where <u>do</u> they usually travel? ☐ O ☐ X
6. Where <u>does</u> the bus go? ☐ O ☐ X

B 빈칸에 들어갈 알맞은 단어에 체크하세요.

1. How _____ you get to the library? ☑ do ☐ does
2. What _____ she want? ☐ does ☐ is
3. What _____ they sell? ☐ do ☐ does
4. Why _____ she sad? ☐ is ☐ does
5. Who _____ she? ☐ is ☐ does
6. What _____ Ryan send? ☐ is ☐ does
7. When _____ you get up? ☐ do ☐ are
8. Where _____ my jacket? ☐ is ☐ does
9. What _____ your favorite day of the week? ☐ is ☐ does

✏️ 밑줄 친 단어를 올바르게 고치고 문장을 다시 쓰세요.

1 언제니? / 너의 어머니의 생일은
<u>Where</u> is your mother's birthday? → When is your mother's birthday?

2 누구를 / 너는 / 기다리니?
<u>Why</u> do you wait for? →

3 무엇이니? / 네가 가장 좋아하는 계절은
What <u>does</u> your favorite season? →

4 어디 / 너는 / 출신이니?
Where <u>do</u> you from? →

5 왜 / 너는 / 잠을 자니? / 늦게
<u>How</u> do you go to bed late? →

6 언제 / 그 가게는 / 닫니?
When <u>is</u> the store close? →

7 어디에 / 그는 / 놓니? / 그 열쇠를
Where <u>is</u> he put the key? →

8 어떻게 / 너는 / 그것을 아니?
<u>What</u> do you know that? →

9 누가 / 가장 나이가 많니? / 너의 가족 중에서
<u>When</u> is the oldest in your family? →

10 무엇을 / 너는 / 의미하니?
What <u>are</u> you mean? →

Practice

✏️ 주어진 단어를 이용하여 우리말 뜻과 일치하도록 문장을 완성하세요.

1. your cell phone number? / is / What   너의 핸드폰 번호가 뭐니?

→ What is your cell phone number?

2. favorite food? / his / is / What   그가 가장 좋아하는 음식은 뭐니?

→ _____

3. her uncle? / is / Who   그녀의 삼촌은 누구니?

→ _____

4. love? / she / Who / does   그녀는 누구를 사랑하니?

→ _____

5. your home address? / is / What   너의 집 주소가 뭐니?

→ _____

6. are / Who / the flowers for?   그 꽃들은 누구를 위한 거니?

→ _____

7. does / he / Why / play basketball?   왜 그는 농구를 하니?

→ _____

8. this class / When / end? / does   이 수업은 언제 끝나니?

→ _____

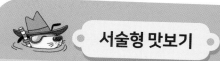

🔍 왼쪽 그림을 보고 질문에 알맞은 답을 적으세요.

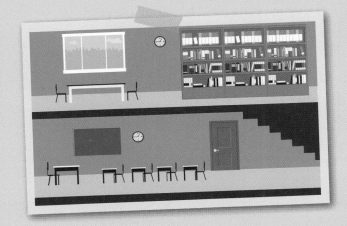

Ⓐ _____ the bookshelf?

Ⓑ It's on the second floor.

1 다음 중 의문사의 뜻이 알맞게 짝지어지지 <u>않은</u> 것을 고르세요.
① who – 누가   ② where – 어떻게   ③ when – 언제   ④ why – 왜

[2-4] 다음 빈칸에 들어갈 말로 가장 알맞은 말을 고르세요.

2
Who is _____?

① you   ② them   ③ she   ④ your sisters

3
What does _____ do?

① we   ② he   ③ I   ④ they

4
Where _____ the church?

① does   ② is   ③ do   ④ are

5 (A), (B)에 들어갈 가장 적절한 것을 고르세요.

- _____(A)_____ is the tallest mountain in the world?
- ___(B)___ is the Amazon River?

	(A)	(B)
①	What	Who
②	What	Where
③	Who	Who
④	Who	Where

6 아래 문장 중 종류가 <u>다른</u> 하나를 고르세요.
① How does he get to work?   ② What do you learn?
③ Where is your favorite restaurant?   ④ Who do you like?

7 다음 문장 중 어법상 틀린 것을 고르세요.
① What do you go jogging?   ② Where can we get some glue?
③ How does he hit the ball so hard?   ④ Who is the best baseball player?

[8-9] 다음 빈칸에 공통으로 들어갈 말로 가장 알맞은 말을 고르세요.

8
- Who _____ you like?
- What _____ they do in the pond?
- Who _____ we wait for?

① does   ② X   ③ do   ④ is

9

• _____ is your hobby?
• _____ does he play in the band?
• _____ do you eat for breakfast?

① What   ② Who
③ Why   ④ How

10 다음 중 어색한 대화를 고르세요.

① ⓐ Where do you usually go hiking?   ② ⓐ Why are you so worried?
ⓑ I go to the mountain near my house.   ⓑ Because he leaves soon.

③ ⓐ Who is your mom?   ④ ⓐ What do you want for lunch?
ⓑ She's not here.   ⓑ I want steak!

11 주어진 문장을 올바르게 바꾼 것을 고르세요.

① Why do he learn swimming? → Why does he learn swimming?
② Where is she live? → Where do she live?
③ Who does they? → Who is they?
④ Where is the turtles? → Where does the turtles?

진짜 잘 풀리는 서술형

1 아래 그림을 보고 괄호 안의 단어를 활용하여 질문에 답하세요.

ⓐ What does she wear?
ⓑ _____
(a yellow shirt)

2 다음 중 틀린 부분을 찾아 알맞게 고치세요.

Why does you need a new computer?   _____ → _____

[3-4] <보기>와 같이 주어진 대답의 밑줄 친 부분을 묻는 의문문을 쓰세요.

보기   ⓐ When do you take a nap?   ⓑ I take a nap at noon.

3 ⓐ _____   **4** ⓐ _____
ⓑ She comes home by bicycle.   ⓑ She is from India.

UNIT

8

전치사

실전 TEST

⭐ **전치사**

> **전치사**는 '앞에 위치하는 말'이란 뜻으로 명사나 대명사 앞에 놓여서 시간, 장소, 방법 등을 나타내요.

⭐ **전치사의 의미와 쓰임**

There is a dog in the box.
개가 상자 안에 있다.

The store opens at 8 o'clock.
그 가게는 8시 정각에 연다.

My dog often climbs up a ladder.
내 개는 종종 사다리에 오른다.

in은 '~안에'라는 뜻으로 **위치/장소**를 나타내는 전치사이고, **at**은 '~에'라는 뜻으로 **시간**을 나타내는 전치사예요. 마지막으로 **up**은 '~위로'라는 뜻으로 **방향**을 나타내는 전치사예요. 또한 전치사는 하나의 전치사가 여러 의미로 쓰이기도 해요. 따라서 각 전치사의 의미와 쓰임을 잘 알아두어야 해요.

장소의 전치사

🔍 장소의 전치사란?

어떤 것이 어디에 있는지 위치나 장소를 나타낼 때 쓰는 말이에요.

장소의 전치사	전치사구	의미
at	at the bus stop	버스 정류장에
in	in the house	집 안에

※ 〈전치사 + 명사〉를 전치사구라고 해요.

🔍 장소의 전치사의 종류

1. 장소의 크기에 따른 전치사

at	비교적 좁은 장소 공항, 극장 등 구체적인 지점	at the airport, at the theater, at the station, at the door, at home, at school
in	비교적 넓은 장소, 장소의 내부 도시, 국가, 건물의 내부	in Seoul, in the city, in America in the station, in the car, in the classroom

※ station과 같은 장소들은 강조하려는 의미에 따라 at과 in을 모두 쓸 수 있어요.

at the station : '역'이라는 장소를 강조하는 표현
in the station : 역의 건물 '안'이라는 장소를 강조하는 표현

2. 장소의 위치에 따른 전치사

on	under	in front of	behind	next to	over
(표면에 닿은 채로) ~ 위에	~ 아래에	~의 앞에	~의 뒤에	~의 옆에	(표면에 닿지 않고) ~ 위에

※ 장소의 전치사는 be동사와 함께 써서 '~이 ~에 있다'라는 뜻을 나타내요.

The owl is on the box.   그 부엉이는 상자 위에 있다.
The owl is next to the box.   그 부엉이는 상자 옆에 있다.

Check

A 다음을 보고 밑줄 친 한글 단어와 의미가 같은 영어 단어를 고르세요.

1.	나는 내 물병을 탁자 위에 둔다.	☐ in	☑ on
2.	귀걸이 한 짝이 의자 밑에 있다.	☐ in front of	☐ under
3.	나는 공을 골대 너머로 찬다.	☐ on	☐ over
4.	그 아이는 엄마 뒤로 숨었다.	☐ behind	☐ next to
5.	종이컵은 선반 아래에 있다.	☐ under	☐ in front of
6.	부츠는 신발장 안에 있다.	☐ in	☐ on

B 빈칸에 들어갈 알맞은 말을 고르세요.

1.	I stand _____ you.	☑ behind	☐ at
2.	I can see the stars _____ the sky.	☐ behind	☐ in
3.	I want to live _____ Argentina.	☐ in	☐ on
4.	There is a clock _____ the wall.	☐ on	☐ over
5.	There is a famous flower festival _____ Korea.	☐ at	☐ in
6.	He waits for me _____ the bus stop.	☐ in	☐ at
7.	The Grand Canyon is _____ America.	☐ in	☐ on
8.	What is _____ the classroom?	☐ in	☐ on
9.	I hang the lamp _____ the table.	☐ over	☐ on

Drill

밑줄 친 단어를 올바르게 고치고 문장을 다시 쓰세요.

1 나의 일기장이 / 있다. / 탁자 위에
My diary is <u>in front of</u> the table.
→ My diary is on the table.

2 Tina는 / 산다. / 런던에서
Tina lives <u>at</u> London.
→

3 Ryan은 / 있다. / 버스 정류장 앞에
Ryan is <u>in</u> the bus stop.
→

4 나는 / 둔다. / 나의 짐가방을 / 책장 뒤에
I put my baggage <u>on</u> the bookshelf.
→

5 공주는 / 산다. / 성 안에서
The princess lives <u>at</u> the castle.
→

6 우리는 / 수영한다. / 나의 수영장에서
We swim <u>on</u> my pool.
→

7 너는 / 앉아도 된다. / 나의 옆에
You can sit <u>over</u> me.
→

8 그 사진은 / 걸려 있다. / 벽 위에
The picture hangs <u>over</u> the wall.
→

9 나비들은 / 날아다닌다. / 꽃 위를
Butterflies fly <u>under</u> the flowers.
→

10 ~(이)가 있다. / 장난감 기차 / 소파 아래에
There is a toy train <u>over</u> the sofa.
→

Practice

주어진 단어를 이용하여 우리말 뜻과 일치하도록 문장을 완성하세요.

1. on / The radio / the table. / is

   라디오는 테이블 위에 있다.

   → The radio is on the table.

2. Your cat / the box. / in / is

   너의 고양이는 상자 안에 있다.

   →

3. practices / basketball / He / in the gym.

   그는 체육관 안에서 농구 연습을 한다.

   →

4. There is / in the bottle. / some juice

   병 안에 주스가 조금 있다.

   →

5. He / over / the rock. / jumps

   그는 돌 위를 뛰어넘는다.

   →

6. on / My dog / the chair. / is

   내 강아지는 의자 위에 있다.

   →

7. next to / His room / Gina's room. / is

   그의 방은 Gina의 방 옆이다.

   →

8. the jar. / in / strawberry jam / There is

   딸기잼이 병 안에 있다.

   →

 서술형 맛보기

아래 그림을 보고 빈칸에 알맞은 전치사를 넣어 글을 완성하세요.

This is my house. There are frames on the wall.

There is a lamp _____ the television.

Come over to my house!

시간의 전치사

시간의 전치사란?

어떤 일이 언제 일어나는지 시간이나 때를 나타낼 때 쓰는 말이에요.

시간의 전치사	전치사구	의미
at	**at** 7 o'clock	7시 정각에
in	**in** summer	여름에

시간의 전치사의 종류

1. 시점을 나타내는 전치사

at	구체적인 시각, 시점	at six, at nine o'clock, at noon, at night, at lunch, at sunset
on	요일, 날짜, 특정한 날	on Saturday, on May 5th, on my birthday, on Sunday morning, on Christmas Day
in	하루의 일부, 월, 연도, 계절	in the morning, in the afternoon, in the evening, in October, in winter, in 2018

2. 시간 관계를 나타내는 전치사

for + 숫자	~ 동안	for two hours, for three months, for five years
during + 특정 사건 및 행사	~ 동안	during the vacation, during the semester, during the summer
after	~ 후에	after school, after two hours, after lunch
before	~ 전에	before the test, before spring, before dinner

※ 시간의 전치사는 be동사와 함께 써서 '~이다', ' ~에 있다'라는 뜻을 나타내요.

My birthday is on May 13th.   내 생일은 5월 13일이다.
Christmas is in winter.   크리스마스는 겨울에 있다.
The show starts at 7.   그 쇼는 7시에 시작한다.

A 다음을 보고 밑줄 친 한글 단어와 의미가 같은 영어 단어를 고르세요.

1. 나는 <u>오후 7시에</u> TV드라마를 본다.　☑ at 7 p.m.　☐ on 7 p.m.

2. <u>두 시간 뒤에</u> 나한테 꼭 전화해.　☐ after two hours　☐ for two hours

3. <u>여름 방학 동안</u> 어디를 여행했어?　☐ during the summer vacation　☐ for the summer vacation

4. <u>내 생일날에</u> 부산 여행을 꼭 갈 거야.　☐ at my birthday　☐ on my birthday

5. <u>그의 생일날 전에</u> 꼭 케이크를 주문해야 해.　☐ before his birthday　☐ on his birthday

6. <u>오후에</u> 병원에 가서 진료를 받아야 해.　☐ in the afternoon　☐ at the afternoon

B 빈칸에 들어갈 알맞은 말을 고르세요.

1. Let's meet at the theater _____ 3 o'clock.　☐ in　☑ at

2. My family has dinner together _____ Thanksgiving Day.　☐ on　☐ in

3. I can do homework _____ school.　☐ after　☐ on

4. You should take a walk _____ the day.　☐ for　☐ during

5. Kevin always reads a book _____ dinner.　☐ in　☐ after

6. She brings her umbrella _____ the rainy season.　☐ for　☐ during

7. Do not eat anything _____ bed.　☐ before　☐ on

8. We go on a vacation _____ a week.　☐ for　☐ during

9. The concert starts _____ 6 p.m.　☐ at　☐ on

Drill

✏️ 밑줄 친 단어를 올바르게 고치고 문장을 다시 쓰세요.

1 나는 / 잠이 든다. / 해가 진 후에
I go to bed <u>before</u> sunset.
→ I go to bed after sunset.

2 나는 / 일어난다. / 해가 뜰 때
I get up <u>in</u> sunrise.
→

3 그녀는 / 달린다. / 한 시간 동안 / 매일
She runs <u>after</u> an hour every day.
→

4 카페는 / 문을 연다. / 정오에
The café opens <u>on</u> noon.
→

5 Paul의 생일은 / ~있다. / 7월에
Paul's birthday is <u>on</u> July.
→

6 그는 / 씻는다. / 그의 손을 / 먹기 전에
He washes his hands <u>after</u> eating.
→

7 나는 / 때때로 / 잠자리에 든다. / 오후 10시에
I sometimes go to bed <u>in</u> 10 p.m.
→

8 우리 가족은 / 항상 / 머문다. / 대구에 / 방학 동안
My family always stays in Daegu <u>for</u> the vacation.
→

9 항상 / 눈이 내린다. / 겨울에 / 캐나다에는
It always snows <u>at</u> winter in Canada.
→

10 나의 학교는 / 시작한다. / 오전 8시 30분에
My school starts <u>on</u> 8:30 a.m.
→

Practice

✏️ 주어진 단어를 이용하여 우리말 뜻과 일치하도록 문장을 완성하세요.

1. have / lunch / We / at 1 p.m.   우리는 1시에 점심을 먹는다.

   → <u>We have lunch at 1 p.m.</u>

2. always / I / go / to the beach / in August.   나는 8월에는 항상 바다에 간다.

   → _____

3. eat / special dishes / We / on Thanksgiving Day.   우리는 추수감사절에 특별한 음식을 먹는다.

   → _____

4. We / before spring. / clean / our house   우리는 봄이 오기 전에 집을 청소한다.

   → _____

5. at 9 a.m. / The first class / begins   첫 번째 수업은 오전 9시에 시작한다.

   → _____

6. I / with a dentist / have an appointment / on Thursday.   나는 목요일에 치과 예약이 있다.

   → _____

7. I / before the test. / drink water   나는 시험을 보기 전에 물을 마신다.

   → _____

8. in the evening. / He / works   그는 저녁에 일한다.

   → _____

6 June

SUNDAY	MONDAY	TUESDAY	WEDNESDAY	THURSDAY	FRIDAY	SATURDAY
				1	2	3
4	5	6	7	8	⑨ Jenna's birthday	10
11	12	13	14	15	16	17
18	⑲ Field trip	20	21	22	23	24
25	26	27 Summer vacation	28	29	30	

 서술형 맛보기

🔍 왼쪽 달력을 보고 문장의 빈칸을 완성하세요.

• Jenna's birthday is on _____.

• There is a school field trip

   _____ the summer vacation.

방향의 전치사란?

'~쪽으로', '~밖으로' 등 어떤 것이 어디로 향하는지 방향을 나타내는 말이에요.

방향의 전치사	전치사구	의미
to	**to** the school	학교 쪽으로

※ She goes **to** the school. 그녀는 학교 쪽으로 간다.

방향의 전치사의 종류

up
~ 위쪽으로

My cat often climbs up the ladder.
내 고양이는 종종 사다리 위로 올라간다.

down
~ 아래쪽으로

He often falls down the stairs.
그는 종종 계단 아래로 넘어진다.

into
~ 안으로

The dog runs into the doghouse.
그 개는 개집 안으로 달린다.

out of
~ 밖으로

The dogs are out of the doghouse.
그 개들은 개집 밖에 있다.

across
~ 을 가로질러

The cat runs across the road.
그 고양이는 길을 가로질러 달린다.

along
~ 을 따라서

Jane often walks along the river.
제인은 가끔 강을 따라 걷는다.

through
~ 을 통과하여

The tiger can jump through the hoop.
그 호랑이는 후프를 통과하여 뛸 수 있다.

to
~쪽으로

He goes to the house.
그는 집으로 간다.

Check

A 다음을 보고 밑줄 친 한글 단어와 의미가 같은 영어 단어를 고르세요.

1.	우리는 강을 <u>따라</u> 걷는다.	☑ along	☐ with
2.	엘리베이터가 <u>아래로</u> 간다.	☐ to	☐ down
3.	우리는 숲을 <u>가로질러</u> 산책한다.	☐ through	☐ across
4.	나는 울산<u>에</u> 간다.	☐ to	☐ down
5.	엘리베이터가 <u>위로</u> 간다.	☐ up	☐ to
6.	한강은 서울을 <u>통과해서</u> 흐른다.	☐ through	☐ into

B 빈칸에 들어갈 알맞은 말을 고르세요.

1.	He parks his car _____ the road.	☐ into	☑ across
2.	I go _____ Seoul by bus.	☐ along	☐ to
3.	They run _____ the school.	☐ into	☐ along
4.	People come _____ the swimming pool.	☐ up	☐ out of
5.	Dave and Cindy like to walk _____ the shore.	☐ along	☐ through
6.	We love to climb _____ the mountain.	☐ through	☐ up
7.	I take some money _____ my wallet.	☐ out of	☐ up
8.	Put the pasta _____ the pot.	☐ into	☐ up
9.	Ron walks _____ the stairs.	☐ out of	☐ down

Drill

✏️ 밑줄 친 단어를 올바르게 고치고 문장을 다시 쓰세요.

1 거미는 / 기어간다. / 벽 위쪽으로
Spiders creep <u>down</u> the wall.
→ Spiders creep up the wall.

2 나는 / 미끄러져 내려온다. / 산을
I slide <u>across</u> the mountain.
→

3 그 개는 / 수영한다. / 연못을 가로질러
The dog swims <u>out of</u> the pond.
→

4 우리는 / 걷는다. / 해변을 따라
We walk <u>to</u> the beach.
→

5 그는 / 던진다. / 공을 / 문 쪽으로
He throws the ball <u>through</u> the door.
→

6 그는 / 넣는다. / 그 우유를 / 냉장고 안에
He puts the milk <u>up</u> the refrigerator.
→

7 나는 / 따라간다. / Vivian을 / 계단 위쪽으로
I follow Vivian <u>down</u> the stairs.
→

8 그의 새로운 침대는 / 통과하지 못한다. / 문을
His new bed doesn't fit <u>along</u> the door.
→

9 우리는 / 운전한다. / 터널을 통과해
We drive <u>into</u> the tunnel.
→

10 그는 / 들어온다. / 정원 안으로
He comes <u>down</u> the garden.
→

주어진 단어를 이용하여 우리말 뜻과 일치하도록 문장을 완성하세요.

1.   I / the tree. / climb up   나는 나무를 오른다.

→ I climb up the tree.

2.   walk down / I / the street.   나는 길을 걸어 내려간다.

→ _____

3.   up / Go / the stairs.   계단을 올라가라.

→ _____

4.   goes / A snake / through the pipe.   뱀은 파이프를 통과한다.

→ _____

5.   The children / along / run / the path.   아이들은 길을 따라 뛴다.

→ _____

6.   We / to the school. / can walk   우리는 걸어서 학교에 갈 수 있다.

→ _____

7.   The cork / out of the bottle. / doesn't come   그 코르크 마개는 병에서 나오지 않는다.

→ _____

8.   my room. / come into / The doctor and nurse   그 의사와 간호사가 내 방 안으로 들어온다.

→ _____

 서술형 맛보기

 아래 우리말 뜻을 보고 빈칸에 알맞은 말을 쓰세요.

Bill은 사다리를 올라간다.

Bill goes _____ the ladder.

1 다음 중 관계가 알맞게 짝지어진 것이 <u>아닌</u> 것을 고르세요.
① in front of – 방향의 전치사
② under – 장소의 전치사
③ at – 시간의 전치사
④ during – 시간의 전치사

[2-4] 다음 빈칸에 들어갈 말로 가장 알맞은 말을 고르세요.

2
Gina goes jogging _____ an hour every day.

① during   ② after   ③ before   ④ for

3
He goes _____ the stairs.

① during   ② up   ③ in   ④ at

4
I walk my dogs _____ Thursday.

① at   ② in   ③ on   ④ for

5 어법상 옳은 문장을 고르세요.
① He puts the treasure box during the tree.
② I play soccer on school.
③ I go to church at Sunday morning.
④ He walks across the street.

6 (A), (B)에 들어갈 가장 적절한 것을 고르세요.

| · Where do you go _____(A)_____ the summer vacation? |
| · Children march _____(B)_____ the path. |

	(A)	(B)
①	for	along
②	for	in
③	during	along
④	during	in

7 주어진 문장을 올바르게 바꾼 것을 고르세요.
① Our wedding anniversary is at July 1st. → Our wedding anniversary is in July 1st.
② I study at the USA. → I study in the USA.
③ She gets out of the tree house. → She gets of out the tree house.
④ She runs during the park after lunch. → She runs at the park on lunch.

8 어법상 <u>틀린</u> 문장을 고르세요.
① She cleans her house during the holiday.
② I wash my face before bed.
③ I have lunch at 1 p.m.
④ You need to take a walk during an hour.

[9-10] 다음 빈칸에 공통으로 들어갈 말로 가장 알맞은 말을 고르세요.

9

· Let's meet _____ the station.
· Why don't we eat dinner _____ 6 o'clock?
· He works _____ the airport.

① in   ② on   ③ at   ④ in front of

10

· The man comes _____ Canada with his parents.
· Gary gives the key _____ me.
· I love to go _____ the beach.

① for   ② to   ③ out of   ④ into

11 밑줄 친 전치사의 용법이 <u>다른</u> 하나를 고르세요.
① Jane and Tony's birthdays are <u>in</u> October.
② I wash my cat <u>in</u> the bathroom.
③ I jog <u>in</u> the morning.
④ He goes to the gym <u>in</u> the evening.

진짜 잘 풀리는 서술형

1 다음 우리말 뜻을 보고 <u>틀린</u> 부분을 찾아 알맞게 고치세요.

| 우리말 뜻 :
나는 저녁을 먹은 후에 샤워를 한다. | I take a shower at dinner.
→ _____ |

2 괄호 안의 단어를 활용하여 빈칸에 들어갈 알맞은 문장을 완성하세요.

Ⓐ Daisy is good at playing the violin. Do you know why?
Ⓑ Yes, I do. She (go / her violin lesson / every day).

→ She _____.

[3-4] 다음은 Gina의 하루 일과입니다. 문장의 빈칸에 알맞은 전치사를 넣어 문장을 완성하세요.

Gina wakes up at 7:30. She arrives **3** _____ school at 8:50.
4 _____ school, she plays basketball with her friends.

서술형 문제로 개념 잡는

THE GRAMMAR SPY

진짜

초등 영문법 ①

진짜 초등 영문법

초등 영문법

1

ANSWER KEY

FOR STUDENT BOOK • WORKBOOK

Part 1 ▶ 셀 수 있는 명사

Check ·········· p. 9

A 1. 단수 명사   2. 복수 명사
   3. 복수 명사   4. 단수 명사
   5. 단수 명사   6. 복수 명사

B 1. many fish   2. a pencil
   3. a button   4. cages
   5. a fan   6. watermelons
   7. a tiger   8. a spoon
   9. helicopters

Drill ·········· p.10

1. I buy five balls.
2. I need six tomatoes.
3. A baby has 300 bones.
4. I take three exams today.
5. My parents are dentists.
6. She receives a bat.
7. I see a cow.
8. I bring two boxes.
9. She meets two ladies.
10. I have four toy buses.

Practice ·········· p.11

1. She hits the ball.
2. I talk with four aunts.
3. Jane has an umbrella.
4. Six wolves run in the forest.
5. Three babies are in the room.
6. 10 fish are in the tank.
7. His feet are big.
8. I like your jeans.

● 서술형 맛보기 ●

a toy cars → toy cars 또는 a toy car

〈해석〉
5월 4일
                    Diane
나는 슈퍼마켓에 간다.
나는 사과 두개와 감자 세 개를 산다.
나는 장난감 차도 산다!

Part 2 ▶ 셀 수 없는 명사

Check ·········· p.13

A 1. China   2. sugar
   3. paper   4. cheese
   5. happiness   6. love

B 1. a piece of cake
   2. two glasses of water
   3. three cups of tea   4. five bowls of rice
   5. four loaves of bread   6. a slice of pizza
   7. two loaves of bread   8. two glasses of juice
   9. three bowls of soup

Drill ·········· p.14

1. I make six bottles of strawberry jam
2. A bar of gold is in the bag.
3. Put a spoonful of sugar in milk.
4. My brother buys three bags of flour.
5. Hailey has two bottles of juice.
6. She eats three slices of pizza.
7. Mark drinks a glass of milk.
8. I need three bags of sugar.
9. My mom buys five cans of tuna.
10. He brings a roll of toilet paper.

Practice ·········· p.15

1. We need five bottles of water.
2. I make a bowl of corn soup.
3. He eats a bowl of rice.
4. He buys a bar of soap.
5. I melt two bars of chocolate.
6. Jen needs a jar of honey.
7. Zoey puts a teaspoon of salt in the soup.
8. I buy five boxes of cereal.

● 서술형 맛보기 ●

I need ___a___ ___piece___ ___of___ cherry cake.

〈해석〉
Ⓐ 안녕하세요. 무엇을 도와드릴까요?
Ⓑ 안녕하세요. 체리케이크 있나요?
Ⓐ 몇 조각이 필요하세요?
Ⓑ 저는 체리케이크 한 조각이 필요해요.

Part 3 ▸ There is / are + 명사

Check ·· p.17

A
1. There are
2. There is
3. There are
4. There is
5. There are
6. There is

B
1. a deer?
2. two children?
3. a pencil?
4. two jars of honey?
5. a garbage man in the park.
6. two pairs of jeans?
7. a hospital at the corner?
8. 10 kids?
9. a pair of scissors in the drawer.

Drill ·· p.18

1. There is a cookie on the chair.
2. Are there five notebooks on the bookshelf?
3. There are two black skirts in the closet.
4. There aren't eight spoons in the drawer.
5. There are many stones in the jar.
6. There is a telephone on the table.
7. Are there five tigers in the cage?
8. There are not two computers in my classroom.
9. There aren't many lemons in the fridge.
10. There are five helicopters.

Practice ·· p.19

1. There are 10 beaches on this island.
2. Is there a piece of cake?
3. There aren't green cups in the cupboard.
4. Are there many crowds in the square?
5. There are five children in the playground.
6. There are 20 students in the classroom.
7. There are 10 apples.
8. There are 30 classrooms in my school.

◆ 서술형 맛보기

There are a pen and a cup.

실전 TEST ·· p.20-21

1. ①	2. ④	3. ②	4. ②
5. ④	6. ②	7. ④	8. ③
9. ①	10. ③	11. ④	

< 진짜 잘 풀리는 서술형 >
1. apples → apple
2. There are five glasses of water
3. Is there an old man in the office?
4. Are there two bottles of juice in the fridge?

---

5. ④
[문법요소] 셀 수 있는 명사 / 셀 수 없는 명사
[해석] 그 동물원에는 많은 동물들이 있다. 나는 코끼리 한 마리를 본다. 그것은 매우 크다. 나는 원숭이들을 본다. 그것들은 매우 귀엽다. 나는 거위들을 본다. 그것들은 호수에 있다.
[풀이] ④ 뒤의 문장에서 주어가 They이므로, 복수형인 geese를 써야 해요.

6. ②
[문법요소] 셀 수 있는 명사 / 셀 수 없는 명사
[풀이] ① cookies → cookie
③ fishes → fish
④ leaf → leaves

9. ①
[문법요소] 셀 수 있는 명사 / 셀 수 없는 명사 / There is(are) 단수(복수) 명사
[풀이] ① sheeps → sheep

11. ④
[문법요소] 셀 수 있는 명사 / 셀 수 없는 명사 / There is(are) 단수(복수) 명사
[풀이] ① Are there many children?
② There are not / aren't cats in the room.
③ There is a yellow dress in the closet.

< 진짜 잘 풀리는 서술형 >

3. Is there an old man in the office?
[문법요소] 셀 수 있는 명사 / 셀 수 없는 명사 / There is(are) 단수(복수) 명사
[풀이] B의 대답이 there isn't 이므로, 주어가 단수 명사(an old man)인 의문문이 필요해요.

4. Are there two bottles of juice in the fridge?
[문법요소] 셀 수 있는 명사 / 셀 수 없는 명사 / There is(are) 단수(복수) 명사
[풀이] B의 대답이 there are 이므로, 주어가 복수 명사(two bottles of juice)인 의문문이 필요해요.

UNIT 2 대명사

Part 1 인칭 대명사

Check p.25

A
1. 3인칭 단수
2. 3인칭 복수
3. 1인칭 단수
4. 3인칭 단수
5. 1인칭 복수
6. 2인칭 단수

B
1. She
2. They
3. We
4. It
5. You
6. We
7. They
8. Their
9. She

Drill p.26

1. He buys a new toothbrush.
2. We go fishing.
3. You sell books.
4. He is glad.
5. You invite us.
6. We need some glue.
7. He heats up the meat and vegetables.
8. Her hamster loves seeds.
9. They exercise every day.
10. They understand my decision.

Practice p.27

1. She is at the park.
2. We invite our classmates.
3. He and I catch five fish.
4. We have headaches.
5. Ted exercises in the park.
6. You need a skateboard.
7. Kate and Tim go shopping.
8. They go camping.

● 서술형 맛보기

____He____ is Mike.

〈해석〉
Ⓐ 그 여자는 누구니?
Ⓑ 그녀는 Anne이다. 그녀는 은행에서 일한다.
Ⓐ 그 남자는 누구니?
Ⓑ 그는 Mike이다. 그는 박물관에서 일한다.

Part 2 비인칭 주어 it, 지시대명사 this와 that

Check p.29

A
1. 날씨
2. 시간
3. 요일
4. 명암
5. 날짜
6. 거리

B
1. This
2. Those
3. These
4. It
5. These
6. This
7. It
8. those
9. that

Drill p.30

1. How much is that computer?
2. It is about 500 meters.
3. I feed those ducks.
4. This is a really pretty sweater.
5. I win this game.
6. It is very foggy outside.
7. That is not my old bicycle.
8. He cuts these trees.
9. This umbrella is wet.
10. Ben takes that subway.

Practice p.31

1. We solve these problems.
2. This is my friend.
3. It is August 17th today.
4. Put these books on the bookshelf.
5. I like this T-shirt.
6. It is sunny today.
7. I make this soup.
8. It is 10 a.m. now.

● 서술형 맛보기

____That____ is a banana cupcake.

〈해석〉
이것은 초콜릿 컵케이크다.
이것의 색은 갈색이다.
저것은 바나나 컵케이크 이다.
그것의 색은 노란색이다.

Part 3 ▶ 비인칭 주어 it의 다양한 쓰임

Check ·········· p.33

A
1. 날씨
2. 요일
3. 시간
4. 날짜
5. 시간
6. 금액

B
1. It's 10 dollars.
2. It's rainy.
3. It's Monday.
4. It's two thirty.
5. It's cloudy.
6. It's June 7th.
7. It's 12 o'clock.
8. It's costs 100 dollars.
9. It's Tuesday.

Drill ·········· p.34

1. What day is it?
2. How's the weather today?
3. It is / It's sunny.
4. It is / It's eight ten.
5. It's July 5th.
6. What's the date today?
7. It costs 10,000 won.
8. How long does it take to get to the library?
9. It is / It's December 2nd.
10. What day is it today?

Practice ·········· p.35

1. What time is it?
2. It's snowy today.
3. It's seven eighteen.
4. It's September 30th.
5. How long does it take to get to school?
6. It costs 80 dollars.
7. What day is it?
8. What's the date today?

⟨ 서술형 맛보기 ⟩

It's July 6th today.

실전 TEST   p.36-37

1. ④	2. ①	3. ②	4. ③
5. ④	6. ③	7. ②	8. ④
9. ①	10. ④	11. ④	

< 진짜 잘 풀리는 서술형 >
1. them
2. These girls are my daughters.
3. her   4. these

5. ④
[문법요소] 비인칭 주어 it
[해석] ① 5월 6일이다.   ② 목요일이다.
③ 10달러이다.   ④ 구름이 꼈다.
[풀이] ④ cloud → cloudy

7. ②
[문법요소] 인칭대명사
[해석] 이 책은 그의 것이다.
나는 그의 아기를 좋아한다.
그의 어머니는 가난한 사람들을 돕는다.
[풀이] 밑줄 친 자리에는 소유격과 소유대명사가 들어갈 수 있어요.
소유격, 소유대명사가 동시에 될 수 있는 것은 ② his 밖에 없어요.

8. ④
[문법요소] 비인칭 주어 it
[해석] ① 바람이 분다.   ② 7월 6일이다.
③ 수요일이다.   ④ 날씨가 어떻니?
[풀이] ④ What's → How's

9. ①
[문법요소] 인칭대명사
[해석] 나는 그녀를 좋아한다.
① 그는 저녁을 만들 수 있도록 그녀를 돕는다.
② 그것은 그녀의 팔찌이다.
③ 그녀의 차는 검정색이다.
④ 나는 그녀의 신발을 좋아한다.
[풀이] 상자 속 밑줄 친 her는 목적격으로 사용됐어요.
따라서 목적격으로 사용된 ①이 답이에요.

< 진짜 잘 풀리는 서술형 >

3. her
[문법요소] 인칭대명사
[해석] 나는 그녀와 야구 경기를 한다.
[풀이] 전치사 with 뒤에는 목적격이 올 수 있어요. 따라서 she의 소유대명사인 hers는 올 수 없고, 목적격인 her가 답이에요.

4. these
[문법요소] 지시대명사
[해석] 나는 이 감자들을 기른다.
[풀이] this는 단수 명사와 함께 쓸 수 있는 지시대명사예요.
하지만 감자들 potatoes라는 복수 명사가 쓰였기 때문에,
복수 명사와 함께 쓸 수 있는 these가 답이에요.

Part 1 be동사의 현재형, 부정문, 의문문

Check — p.41

A
1. aren't
2. is
3. isn't
4. are
5. is not
6. am

B
1. We
2. are
3. am
4. Is
5. Mike
6. am
7. She
8. Are
9. Leo

Drill — p.42

1. These are my books.
2. Is there a birthday cake?
3. You and he are brothers.
4. She is the best player.
5. He is at the airport.
6. Are they in the garden?
7. I am sick today.
8. He is very tall.
9. I am not a child.
10. My grandfather is not / isn't in the park.

Practice — p.43

1. Are you Mrs. Brown?
2. You are on time.
3. I'm not full.
4. I am not an architect.
5. Jim is tired.
6. That man isn't my father.
7. My favorite sport is baseball.
8. Are those your cars?

● 서술형 맛보기 ●

are → is

〈해석〉
너구리는 보통 몸에 긴 갈색 털이 있다. 너구리의 둥근 머리는 넓적하다. 너구리의 몸은 짧다. 또한, 그것은 25〜35cm 정도 되는 꼬리가 있다.

Part 2 일반동사의 현재형, 부정문, 의문문

Check — p.45

A
1. has
2. studies
3. wants
4. watches
5. plays
6. lives

B
1. goes
2. hit
3. don't stay
4. watch
5. understand
6. arrives
7. drink
8. teach
9. swim

Drill — p.46

1. Jon's wife works at the university.
2. Do you bring your lunch?
3. I lift up a heavy stone.
4. He cleans the park.
5. She turns off the light.
6. They close the gates.
7. They don't know me.
8. He doesn't have her necklace.
9. Does she print out her homework?
10. He stands on his hands.

Practice — p.47

1. Haley doesn't drink milk.
2. They cry all day.
3. Do you walk to school?
4. Do you have dark chocolate?
5. He hangs his coat on a hook.
6. He focuses on reading the novel.
7. He plays computer games at night.
8. We don't go to the zoo.

● 서술형 맛보기 ●

He studies math every day.

〈해석〉
Ⓐ 저 사람 Luke니?
Ⓑ 응. 저 사람은 Luke다.
Ⓐ 그는 매일 영어를 공부하니?
Ⓑ 아니. 그는 매일 수학을 공부한다.

Part 3 ▶ be동사와 일반동사의 구별

Check ·· p.49

A 1. be동사   2. 일반동사
3. be동사   4. 일반동사
5. be동사   6. 일반동사

B 1. clean   2. is
3. go   4. are
5. rides   6. love
7. writes   8. is
9. washes

Drill ·· p.50

1. My friends learn Italian.
2. I swim in the river.
3. I am a writer.
4. They love to go skiing.
5. Students wear school uniforms.
6. Jane is a pianist.
7. We sell bags and wallets.
8. I have dinner at 7 p.m.
9. Those shoes are mine.
10. They are conductors.

Practice ·· p.51

1. They are geese.
2. I like French fries.
3. I play table tennis.
4. He cries all day.
5. They are your daughters.
6. I think of you.
7. Those books are hers.
8. Ailey tries to meet me.

● 서술형 맛보기

We have five laptops.

실전 TEST   p.52-53

1. ①   2. ①   3. ②   4. ③
5. ③   6. ②   7. ④   8. ④
9. ③   10. ④   11. ④

< 진짜 잘 풀리는 서술형 >
1. She is a house painter.
2. Do monkeys eat broccoli?
3. Is Mrs. Foster from Chile?
4. she is not / isn't our homeroom teacher.

1. ①
[문법요소] be동사와 일반동사
[풀이] 3인칭 단수인 he와 짝을 이루는 be동사는 is예요.

5. ③
[문법요소] be동사와 일반동사
[해석] ① 엄마는 매일 일기를 쓴다.
② Mason은 택시기사가 아니다.
③ Charlie와 David는 5학년이다.
④ 나는 음악 듣는 것을 좋아한다.
[풀이] Charlie와 David는 2명으로 복수예요. 따라서 3인칭 복수와 짝을 이루는 be동사는 are이예요.

8. ④
[문법요소] be동사와 일반동사
[해석] 그는 재킷이 필요하다.
너와 나는 함께 자전거를 탄다.
[풀이] 동사 needs에 맞는 주어 (A)의 자리에는 3인칭 단수인 He나 She만 올 수 있어요. 동사 (B)의 주어가 복수이기 때문에 ride가 올 수 있어요.

10. ①
[문법요소] be동사와 일반동사
[해석] 나의 남동생과 나는 오케스트라의 단원이다. Jenna와 Ben은 바이올린을 연주한다. Kate는 드럼을 연주한다. 나의 남동생인 James는 플루트를 연주한다.
[풀이] '나의 남동생과 나'라는 복수 명사와 짝을 이루는 be동사는 are이예요. 그리고 James라는 3인칭 복수와 짝을 이루려면 play에 s가 붙어서 plays가 되어야 해요.

< 진짜 잘 풀리는 서술형 >

3. Is Mrs. Foster from Chile?
[법요소] be동사의 의문문
[풀이] is라는 be동사를 사용해 대답한 것을 보면 질문도 be동사를 사용해야 해요. 따라서 3인칭 단수인 Mrs. Foster에 맞는 be동사인 is를 사용해서 의문문을 만들어야 해요.

4. She is not / isn't our homeroom teacher.
[문법요소] be동사의 부정문
[풀이] 질문에서 is라는 be동사를 사용해서 물어봤고, No라고 대답했어요. 따라서 is not이나 isn't를 활용해서 문장을 완성해야 해요.

UNIT 4 형용사와 부사

Part 1 형용사

Check ———————————————— p.57

A
1. X 2. O
3. O 4. X
5. X 6. O

B
1. Cats are friendly animals.
2. I have red hair.
3. There is little sauce on the table.
4. Owls are smelly.
5. I need much juice.
6. Her cell phone is white.
7. I need some cold water.
8. We have a few crayons.
9. This sofa is very comfortable.

Drill ———————————————— p.58

1. My brother is noisy.
2. She has very short hair.
3. She is a great dancer.
4. I need a lot of pencils.
5. He has many oranges.
6. Volunteering is a good activity.
7. Ben has long hair and blue eyes.
8. He is angry now.
9. He is so annoying.
10. My cousin is so lovely.

Practice ———————————————— p.59

1. That cat has a small jaw.
2. That's a round clock.
3. She looks sad today.
4. They are alive!
5. I have a lot of rings.
6. He wants sour potato soup.
7. He has much bread.
8. I walk on icy roads.

◦ 서술형 맛보기 ◦

His dog is gentle.

Part 2 부사

Check ———————————————— p.61

A
1. X 2. O
3. O 4. X
5. O 6. O

B
1. He walks fast.
2. He looks into the toy closely.
3. Sometimes, we swim in the ocean.
4. He never drinks coffee.
5. He hits the ball so hard.
6. Snails move slowly.
7. He always drinks a bottle of orange juice.
8. She smiles happily.
9. It is very hot.

Drill ———————————————— p.62

1. My grandmather talks slowly.
2. I never drink milk.
3. He always talks softly.
4. He carefully chooses her book.
5. Sometimes, I need some delicious chocolates.
6. Jenny plays football hard.
7. She sings beautifully.
8. I'm really happy to see you.
9. Joe always drinks coffee in the morning.
10. I often wake up at 10 a.m.

Practice ———————————————— p.63

1. He hardly does his homework.
2. He is a very fast runner.
3. Steve often eats pizza.
4. The woman carefully builds a building.
5. The children quickly wash their hands.
6. He studies very hard.
7. Pam dances beautifully.
8. I sleep very late at night.

◦ 서술형 맛보기 ◦

quiet → quietly

〈해석〉
도서관 규칙
1. 조용히 말하고 읽으세요.
2. 책은 사서에게 반납하세요.
3. 항상 걸어 다니세요. 절대 뛰지 마세요.

Part 3 ▶ How + 형용사 / 부사

Check ·· p.65

A 1. How far 　　　　 2. How tall
3. How big 　　　　 4. How old
5. How often 　　　 6. How long

B 1. often 　　　　 2. do
3. far 　　　　　 4. tall
5. once 　　　　 6. old
7. much 　　　　 8. month
9. do

Drill ·· p.66

1. How much does the fly weigh?
2. How much is this ink?
3. How many brothers does he have?
4. How long does this hamster live?
5. How big is a grain of sand?
6. How often do you drink coffee?
7. How tall is that pine tree?
8. How often do you visit this museum?
9. How many kilograms does this melon weigh?
10. How far is the swimming pool from here?

Practice ·· p.67

1. How old is Eric?
2. How much is this toothpaste?
3. How deep is the Atlantic Ocean?
4. I play computer games once a day.
5. He brushes his teeth three times a day.
6. How much do you weigh?
7. How often do you drink water?
8. How many books are there?

◈ 서술형 맛보기 ◈

How ___far___ is the National Park ___from___ here?

〈해석〉
Ⓐ 여기서부터 국립 공원까지 얼마나 머니?
Ⓑ 여기서부터 3km 정도야.

실전 TEST　　　　　　　　 p.68-69

1. ①　　 2. ①　　 3. ①　　 4. ②
5. ②　　 6. ④　　 7. ③　　 8. ②
9. ②　　 10. ①　 11. ④

< 진짜 잘 풀리는 서술형 >
1. How often does Ashley read books?
2. always → often
3. How fast 　　 4. How heavy

6. ④
[문법요소] 형용사
[해석] ① 저 컴퓨터는 새 것이다.
　　　 ② 나의 수학 교과서는 매우 무겁다.
　　　 ③ 너는 얼마나 자주 수영하러 가니?
　　　 ④ 이 컵은 색이다.
[풀이] be동사 is뒤에는 명사나 형용사가 올 수 있어요. 따라서 명사인 color는 관사가 필요하고 형용사인 colorful이 와야 해요.

10. ①
[문법요소] 형용사
[해석] 돌고래들은 매우 똑똑하다. 그들은 서로 대화한다. 그들은 특별한 언어를 사용한다.
[풀이] (A)는 be동사 뒤에 오기 때문에 형용사가 올 수 있어요. 따라서 smart가 맞는 답이예요. (B)는 언어라는 명사를 꾸며주는 자리이기 때문에 형용사가 올 수 있어요. 따라서 special이 알맞은 답이예요.

11. ④
[문법요소] 형용사와 부사
[해석] ① 그 콘서트는 늦게 시작한다.
　　　 ② 나의 엄마는 큰 탁자를 만든다.
　　　 ③ 나의 남동생은 매우 게으르다.
　　　 ④ 그 중국음식은 정말 맛있다.
[풀이] real은 형용사이기 때문에 같은 형용사인 delicious를 더 설명해 줄 수가 없어요. 따라서 형용사를 꾸며줄 수 있는 부사 really가 와야 해요.

< 진짜 잘 풀리는 서술형 >

2. always → often
[문법요소] How + 형용사 / 부사
[풀이] 너는 하루에 물을 얼마나 자주 마시니?라는 의문문은 How often으로 시작해요.

4. How heavy
[문법요소] How + 형용사 / 부사
[풀이] 고양이가 13kg라는 대답을 하는 것을 보면 무게가 얼마나 나가니? 라는 질문을 한걸 알 수 있어요. 따라서 How heavy가 답이예요.

UNIT 5 비교급과 최상급

Part 1 비교급

Check .... p. 73

A
1. shorter
2. more interesting
3. earlier
4. better
5. more
6. nicer

B
1. taller
2. thinner
3. smaller
4. more boring
5. more expensive
6. fatter
7. colder
8. faster
9. younger

Drill p.74

1. My laptop is bigger than yours.
2. I am stronger than him.
3. Today is warmer than yesterday.
4. These crackers are cheaper than those.
5. Tigers run faster than cats.
6. Katherine is older than Jonathan.
7. This cookie tastes worse than mine.
8. My smartphone is newer than yours
9. This book is thicker than that one.
10. China is larger than Finland.

Practice p.75

1. Dogs are smarter than cats.
2. Table tennis is more enjoyable than football.
3. An airplane is faster than a train.
4. My luggage is lighter than his.
5. Colin is taller than Sam.
6. Noah works harder than Jason.
7. That room is colder than this room.
8. My friend's dog is noisier than mine.

● 서술형 맛보기 ●

_____Sally_____ is heavier than _____Ken_____.

〈해석〉
Sally는 Ken보다 더 무겁다.

Part 2 최상급

Check p.77

A
1. best
2. strongest
3. weakest
4. most intelligent
5. worst
6. sweetest

B
1. My mom is the loveliest woman in the world.
2. This umbrella is the smallest in the shop.
3. My grandpa is the oldest in my family.
4. I am the smartest in my class.
5. The rhino is the most dangerous animal in the world.
6. I have the shortest hair of us all.
7. She is the tallest in her class.
8. The seventh horse is the fastest of them all.
9. My computer is the slowest in my class.

Drill p.78

1. Mary is the nicest of us all.
2. Mike is the best dancer in my class.
3. I am the fastest runner in the world.
4. Jacob is the oldest of us all.
5. Russia is the coldest country in the world.
6. Mt. Everest is the highest mountain in the world.
7. Jake is the laziest in my family.
8. Summer is the hottest of the four seasons.
9. Ice hockey is the most violent sport.
10. Snails are the slowest of all the animals.

Practice p.79

1. Mercury is the smallest planet in the solar system.
2. He is the kindest of my friends.
3. This building is the tallest in the world.
4. This waterfall is the largest in Laos.
5. Vatican City is the smallest country in the world.
6. Walking is the easiest exercise.
7. My dad is the heaviest in my family.
8. This book is the most enjoyable in this library.

● 서술형 맛보기 ●

The bicycle is _____the smallest_____ of them.

〈해석〉
자전거는 저것들 중에서 가장 작다.

Part 3 비교급과 최상급의 쓰임

Check p.81

A
1. 최상급
2. 비교급
3. 비교급
4. 최상급
5. 최상급
6. 비교급

B
1. than
2. more
3. eaiser
4. the
5. smaller
6. most
7. better
8. hottest
9. the

Drill p.82

1. Computers are bigger than smartphones.
2. Elephants are fatter than hippos.
3. Fast food is worse for health than fruit.
4. This drama is more boring than the movie.
5. I am the fastest of my friends.
6. This novel is the most interesting of these books.
7. I have the longest hair in my family.
8. This violin is the most expensive in the world.
9. Winter is colder than spring.
10. Mt. Halla is higher than Mt. Jiri.

Practice p.83

1. Mom is the tallest in my family.
2. I wake up earlier than my brother.
3. The Atlantic Ocean is the deepest in the world.
4. This is the largest room in my house.
5. Your house is cleaner than his.
6. This tie is longer than mine.
7. Math is the easiest subject for me.
8. This dress is the longest of my clothes.

서술형 맛보기

Mike > Mina > I

〈해석〉
Mike는 우리 중에서 가장 키가 큰 소년이다.
나는 Mike보다 작다.
Mina는 나보다 크다.

실전 TEST
p.84-85

1. ②	2. ④	3. ③	4. ②
5. ②	6. ③	7. ③	8. ③
9. ③	10. ③	11. ②	

< 진짜 잘 풀리는 서술형 >
1. big → bigger
2. larger than that bookstore
3. slower
4. fastest

5. ②
[문법요소] 비교급
[해석] 이 낚싯대는 내 것보다 길다.
오늘은 어제보다 더 화창하다.
[풀이] long의 비교급은 longer이기 때문에 (A)는 longer, (B)에는 sunny의 비교급인 sunnier가 맞는 답이예요.

7. ③
[문법요소] 비교급과 최상급
[해석] ① 이 거미는 저 나비보다 더 크다.
② 그는 그의 가족 중에 가장 나이가 많다.
③ 그녀는 나보다 더 크다.
④ 내 신발은 너의 것보다 크다.
[풀이] tallest 뒤에 than이 나왔기 때문에 이 문장은 tall의 비교급인 taller가 나와야 해요.

11. ②
[문법요소] 비교급과 최상급
[해석] ① 그 콘서트는 작년보다 더 재미있다.
② 나의 오래된 탁자는 너의 것보다 작다.
③ 나는 나의 남동생보다 더 게으르다.
④ 중국 음식은 프랑스 음식보다 더 맛있다.
[풀이] small 뒤에 than이 나왔기 때문에 이 문장은 small의 비교급인 smaller가 나와야 해요.

< 진짜 잘 풀리는 서술형 >

1. big → bigger
[문법요소] 비교급
[해석] 저것은 이것보다 더 크다.
[풀이] big뒤에 than이 나왔기 때문에 이 문장은 big의 비교급인 bigger가 나와야 해요.

4. fastest
[문법요소] 최상급
[해석] 빨간 차는 저 차들 중에 가장 빠르다.
[풀이] 빈칸 앞의 the와 뒤의 of 복수 명사가 사용 된 것을 보면 최상급 문장인 걸 알 수 있어요. 따라서 원급 fast가 아닌 최상급 fastest가 맞는 답이예요.

UNIT 6 조동사

Part 1 조동사 can과 may

Check ———————————————— p.89

A 1. 허가   2. 능력
3. 허가   4. 추측
5. 추측   6. 능력

B 1. open   2. close
3. can   4. pick
5. can   6. may
7. have   8. may
9. may

Drill ———————————————— p.90

1. I can drive.
2. May I drive the car?
3. He can play the drums.
4. Sarah can fix any machine.
5. He may bring a cake for us.
6. May I take this toy?
7. Can you open this jar?
8. She can rock climb.
9. I can brush my teeth by myself.
10. Can you help me?

Practice ———————————————— p.91

1. Can I use the bathroom?
2. You may have dinner now.
3. Can I go to bed?
4. Eunice can ride a horse.
5. May I leave a message?
6. He can read French.
7. You may play games.
8. She can drink coffee.

🔹 서술형 맛보기 🔹

Yes, __you can__ .

〈해석〉
Q 제가 달걀을 색칠해도 될까요?
A 네, 됩니다.

Part 2 조동사 must, have to, should

Check ———————————————— p.93

A 1. 의무   2. 충고
3. 의무   4. 의무
5. 충고   6. 추측

B 1. walk   2. have to
3. see   4. brush
5. must   6. wear
7. must   8. take
9. drink

Drill ———————————————— p.94

1. She should practice playing the drums every day.
2. Ruth must be a drummer.
3. You should wear sneakers in the gym.
4. You must / have to drive on the right in Japan.
5. You must / have to clean the garden every morning.
6. You should wear slippers in the room.
7. He must / has to take a shower every day.
8. It must be sunny tomorrow.
9. She must be the tallest of her friends.
10. You must brush your teeth every day.

Practice ———————————————— p.95

1. He must arrive at 8 a.m.
2. You have to do your best.
3. He must cross the bridge.
4. You should talk to them.
5. I have to go back to school.
6. You must turn off your cell phone.
7. You must speak in Korean.
8. You have to wear a coat.

🔹 서술형 맛보기 🔹

Tim must __wash the dishes__ .

〈해석〉
Tim은 설거지를 해야 한다.

Part 3 ▶ 조동사의 부정문과 의문문

Check ·· p.97

A 1. 부정문　　　　　　2. 긍정문
3. 부정문　　　　　　4. 부정문
5. 의문문　　　　　　6. 긍정문

B 1. cannot　　　　　　2. may not
3. May we　　　　　　4. must not
5. should not　　　　6. May I
7. He should not　　　8. must
9. Can I

Drill ·· p.98

1. It may not be sunny tomorrow.
2. You shouldn't / should not buy chocolate.
3. May I buy that toy airplane?
4. She must not play soccer at home.
5. She can't / cannot ride a horse.
6. Can I borrow your eraser?
7. He doesn't have to sweep the floor.
8. I can't / cannot swim in the ocean.
9. He must not swim in the river.
10. He doesn't have to work alone.

Practice ······································ p.99

1. She should not sleep too much.
2. He may not be a pianist.
3. Can I call you?
4. He doesn't have to buy books.
5. She must not jump on the sofa.
6. It may not snow tomorrow.
7. Can I give him a gift?
8. May I help you?

서술형 맛보기

Tom doesn't have to buy clothes.

실전 TEST　　　　　　　　p.100-101

1. ③　　2. ②　　3. ①　　4. ③
5. ①　　6. ③　　7. ②　　8. ③
9. ②　　10. ④　　11. ③

< 진짜 잘 풀리는 서술형 >
1. The baby can't / cannot walk.
2. He must turn down the music.
3. He shouldn't / should not clean his room.
4. You should borrow a pencil from your friend.

6. ③
[문법요소] 조동사의 의미
[해석]　① 그는 지금 지도를 확인하는게 좋겠다.
　　　② 그녀는 초콜릿 먹는 것을 멈춰야 한다.
　　　③ 나는 스페인어를 읽을 수 없다.
　　　④ 나는 나의 숙제를 끝내야만 한다.
[풀이]　should, must, have to 는 '~해야 한다'는 의무를 나타내지만,
　　　cannot혹은 can't는 '~할 수 없다'는 능력을 나타내요.

7. ②
[문법요소] 조동사
[해석]　① 그녀는 고양이 세 마리를 기를 지도 모른다.
　　　② 나는 매일 일기를 써야한다.
　　　③ 우리 아빠는 치과진료를 받는게 좋겠다.
　　　④ 너는 저녁을 밖에서 먹을 필요가 없다.
[풀이]　조동사 뒤에는 동사의 원형이 와야 해요. 하지만 ②의 must 뒤
　　　에는 writes가 왔기 때문에 틀린 문장이 돼요.

8. ③
[문법요소] 조동사
[해석]　그는 학교에서 뛰지 않는 것이 좋겠다.
　　　너는 도서관에서 뛰어서는 안 된다.
　　　그녀는 수영장에서 뛸 수 없다.
[풀이]　빈칸은 모두 조동사의 뒤에 있어요. 따라서 동사의 원형인 run이
　　　빈칸에 가장 알맞은 말이에요.

10. ④
[문법요소] 조동사
[해석]　① Ron은 그의 핸드폰을 끄는게 좋겠다.
　　　② Gina는 딸의 생일파티를 위해 케이크를 구울 수 있다.
　　　③ 그는 오후 7시에 공원에 올지 모른다.
　　　④ 너는 그 수업을 들을 필요가 없다.
[풀이]　주어가 You일때는 don't have to를 써야 해요.

< 진짜 잘 풀리는 서술형 >

1. The baby can't / cannot walk.
[문법요소] 조동사 can
[풀이]　'~할 수 없다'라는 말은 can't / cannot예요.

3. He shouldn't / should not clean his room.
[문법요소] 조동사 should
[풀이]　should의 부정형태는 shouldn't 혹은 should not을 써요.

UNIT 7 의문사

Part 1 ▶ 의문사 who, what

Check ···················· p.105

A
1. O
2. O
3. X
4. O
5. X
6. O

B
1. Who
2. Who
3. What
4. your name
5. Who
6. you
7. What
8. Her name
9. What

Drill ···················· p.106

1. What do you want?
2. Who is he?
3. Who do you meet?
4. Who is this book for?
5. What is his name?
6. What do you study?
7. Who is your favorite player?
8. What does she know?
9. Who does he wait for?
10. What is his job?

Practice ···················· p.107

1. Who is that boy?
2. Who do you help?
3. What do you teach?
4. What are they?
5. What do you buy at the grocery store?
6. What is your favorite song?
7. What does Mr. White like?
8. Who does she miss?

● 서술형 맛보기 ●

_____Jane_____ has long brown hair.

〈해석〉
Ⓐ 긴 갈색 머리를 가진 사람은 누구니?
Ⓑ Jane이 긴 갈색 머리를 갖고 있다.

Part 2 ▶ 의문사 when, where, how, why

Check ···················· p.109

A
1. When
2. Why
3. How
4. Where
5. How
6. Why

B
1. When
2. Why
3. How
4. How
5. Where
6. How
7. Where
8. How
9. How

Drill ···················· p.110

1. Where does he live?
2. When do you leave?
3. Why are you worried?
4. Why do you learn Finnish?
5. Where do you swim?
6. How do you go to school?
7. How do you climb a tree?
8. When does the class start?
9. Where are you from?
10. Where does he buy his clothes?

Practice ···················· p.111

1. Where do you buy your coffee?
2. What is your favorite food?
3. Who is the best football player?
4. Who is your best friend?
5. What is the problem?
6. Where is your hometown?
7. Where does Ron study?
8. Why do you like winter?

● 서술형 맛보기 ●

_____What_____ does Kate do?

〈해석〉
Ⓐ Kate는 뭘 하니?
Ⓑ 그녀는 개를 산책 시킨다.

Part 3 ▶ 의문사 의문문

Check ································ p.113

A
1. X   2. X
3. O   4. X
5. O   6. O

B
1. do   2. does
3. do   4. is
5. is   6. does
7. do   8. is
9. is

Drill ································ p.114

1. When is your mother's birthday?
2. Who do you wait for?
3. What is your favorite season?
4. Where are you from?
5. Why do you go to bed late?
6. When does the store close?
7. Where does he put the key?
8. How do you know that?
9. Who is the oldest in your family?
10. What do you mean?

Practice ································ p.115

1. What is your cell phone number?
2. What is his favorite food?
3. Who is her uncle?
4. Who does she love?
5. What is your home address?
6. Who are the flowers for?
7. Why does he play basketball?
8. When does this class end?

서술형 맛보기

_____ Where is _____ the bookshelf?

〈해석〉
Ⓐ 책장이 어디에 있니?
Ⓑ 그것은 2층에 있다.

실전 TEST   p.116-117

1. ②	2. ③	3. ②	4. ②
5. ②	6. ③	7. ①	8. ③
9. ①	10. ③	11. ①	

< 진짜 잘 풀리는 서술형 >
1. She wears a yellow shirt.
2. does → do
3. How does she come home?
4. Where is she from?

5. ②
[문법요소] 의문사 What, Where
[해석] 세계에서 가장 높은 산이 무엇이니?
아마존 강은 어디에 있니?
[풀이] (A)에는 가장 높은 산이라는 사물에 대해 물을 때 쓸 수 있는 What이 올 수 있고, (B)에는 아마존 강이라는 장소를 물을 때 쓸 수 있는 Where이 올 수 있어요. 사람을 가리키는 Who는 답이 될 수 없어요.

7. ①
[문법요소] 의문사
[해석] ① 너는 조깅하러 어디로 가니?
② 우리는 어디에서 풀을 살 수 있니?
③ 그는 어떻게 공을 그렇게 세게 치니?
④ 최고의 야구 선수는 누구니?
[풀이] What은 무엇이라는 뜻으로 너는 조깅하러 어디로 가니?라는 문장과 어울리지 않아요. Where do you go jogging?으로 써야 해요.

10. ③
[문법요소] 의문사 의문문
[해석] ① A: 너는 보통 하이킹 하러 어디로 가니?
B: 나는 우리 집 근처 산으로 간다.
② A: 넌 왜 그렇게 걱정하니?
B: 왜냐하면 그가 곧 떠나기 때문이다.
③ A: 누가 너의 어머니이니?
B: 그녀는 여기에 없다.
④ A: 점심으로 뭘 먹고 싶니?
B: 나는 스테이크가 먹고 싶다!
[풀이] 의문사로 물어 봤을 때는 Yes나 No로 대답을 할 수가 없어요.

< 진짜 잘 풀리는 서술형 >

2. does → do
[문법요소] 의문사 Why
[해석] 너는 왜 새로운 컴퓨터가 필요하니?
[풀이] 주어가 you이기 때문에 동사는 do가 사용 되어야 해요.

3. How does she come home?
[문법요소] 의문사 How
[해석] A: 그녀는 집에 어떻게 오니?
B: 그녀는 자전거로 집에 온다.
[풀이] by bicycle이라는 교통수단으로 대답을 했기 때문에 그녀가 어떻게 집에 오는지를 묻는 질문을 해야 해요. 의문사 How를 사용해서 문장을 만들어야 해요.

UNIT 8 전치사

Part 1 장소의 전치사

Check ························ p.121

A
1. on
2. under
3. over
4. behind
5. under
6. in

B
1. behind
2. in
3. in
4. on
5. in
6. at
7. in
8. in
9. over

Drill ························ p.122

1. My diary is on the table.
2. Tina lives in London.
3. Ryan is in front of the bus stop.
4. I put my baggage behind the bookshelf.
5. The princess lives in the castle.
6. We swim in my pool.
7. You can sit next to me.
8. The picture hangs on the wall.
9. Butterflies fly over the flowers.
10. There is a toy train under the sofa.

Practice ························ p.123

1. The radio is on the table.
2. Your cat is in the box.
3. He practices basketball in the gym.
4. There is some juice in the bottle.
5. He jumps over the rock.
6. My dog is on the chair.
7. His room is next to Gina's room.
8. There is strawberry jam in the jar.

● 서술형 맛보기 ●

There is a lamp __next to__ the television.

〈해석〉
이것은 나의 집이다. 액자들이 벽에 걸려있다. 램프는 텔레비전 옆에 있다. 우리 집에 놀러와!

Part 2 시간의 전치사

Check ························ p.125

A
1. at 7 p.m.
2. after two hours
3. during the summer vacation
4. on my birthday
5. before his birthday
6. in the afternoon

B
1. at
2. on
3. after
4. during
5. after
6. during
7. before
8. for
9. at

Drill ························ p.126

1. I go to bed after sunset.
2. I get up at sunrise.
3. She runs for an hour every day.
4. The café opens at noon.
5. Paul's birthday is in July.
6. He washes his hands before eating.
7. I sometimes go to bed at 10 p.m.
8. My family always stays in Daegu during the vacation.
9. It always snows in winter in Canada.
10. My school starts at 8:30 a.m.

Practice ························ p.127

1. We have lunch at 1 p.m.
2. I always go to the beach in August.
3. We eat special dishes on Thanksgiving Day.
4. We clean our house before spring.
5. The first class begins at 9 a.m.
6. I have an appointment with a dentist on Thursday.
7. I drink water before the test.
8. He works in the evening.

● 서술형 맛보기 ●

Jenna's birthday is on __June 9th__.
There is a school field trip __before__ the summer vacation.

〈해석〉
Jenna의 생일은 6월 9일이다. 학교 소풍은 여름 방학 전이다.

Part 3 ▶ 방향의 전치사

Check ⋯⋯⋯⋯⋯⋯⋯⋯⋯⋯⋯⋯⋯⋯⋯⋯⋯⋯ p.129

A 1. along   2. down
      3. across   4. to
      5. up   6. through

B 1. across   2. to
      3. into   4. out of
      5. along   6. up
      7. out of   8. into
      9. down

Drill ⋯⋯⋯⋯⋯⋯⋯⋯⋯⋯⋯⋯⋯⋯⋯⋯⋯⋯⋯ p.130

1. Spiders creep up the wall.
2. I slide down the mountain.
3. The dog swims across the pond.
4. We walk along the beach.
5. He throws the ball to the door.
6. He puts the milk into the refrigerator.
7. I follow Vivian up the stairs.
8. His new bed doesn't fit through the door.
9. We drive through the tunnel.
10. He comes into the garden.

Practice ⋯⋯⋯⋯⋯⋯⋯⋯⋯⋯⋯⋯⋯⋯⋯⋯ p.131

1. I climb up the tree.
2. I walk down the street.
3. Go up the stairs.
4. A snake goes through the pipe.
5. The children run along the path.
6. We can walk to the school.
7. The cork doesn't come out of the bottle.
8. The doctor and nurse come into my room.

● 서술형 맛보기

Bill goes _____up_____ the ladder.

실전 TEST   p.132-133

1. ①   2. ④   3. ②   4. ③
5. ④   6. ③   7. ②   8. ④
9. ③   10. ②   11. ②

< 진짜 잘 풀리는 서술형 >
1. at → after
2. goes to her violin lesson every day
3. at
4. After

2. ④
[문법요소] 시간의 전치사
[해석] Gina는 매일 한 시간 동안 조깅을 한다.
[풀이] 빈칸 바로 뒤에 1시간이라는 숫자가 나오기 때문에, for가 정답이예요.

6. ③
[문법요소] 시간의 전치사, 방향의 전치사
[해석] 너는 여름 방학 기간 동안 어디를 가니?
       아이들은 길을 따라 행진한다.
[풀이] 첫 번째 빈칸의 뒤에는 여름방학이라는 특정 행사가 나왔기 때문에 전치사 for가 아닌 during을 써야해요.
       두 번째 빈칸에는 길 속에서 행진하는 것이 아니라 길을 따라서 행진하는 것이기 때문에 along을 써야해요.

9. ③
[문법요소] 전치사
[해석] 우리 기차 역에서 만나자.
       우리 6시에 저녁을 먹는 건 어때?
       그는 공항에서 일한다.
[풀이] 장소와 시간을 나타내는 전치사로 동시에 쓰이는 것은 in, on, at이 있어요. 그 중에 6시 라는 구체적인 시점에 쓰이는 전치사는 at이예요.

< 진짜 잘 풀리는 서술형 >
1. at → after
[문법요소] 시간의 전치사
[풀이] '~후에' 라는 시간의 전치사는 at이 아니라 after예요.
2. goes to her violin lesson every day
[문법요소] 전치사
[해석] A: Daisy는 바이올린 연주를 잘 한다. 너는 왜 그런지 아니?
       B: 응. 안다. 그녀는 매일 바이올린 수업에 간다.
[풀이] '가다' go와 같이 쓸 수 있는 전치사는 '~에'라는 의미의 to예요.

UNIT 1 명사 ⭐

Part 1 셀 수 있는 명사 p.2-3

Writing Practice ❶

1. need, pencils
2. has five keys
3. has four umbrellas
4. are whales
5. wants two kangaroos
6. needs three knives
7. takes care of two babies
8. read three stories
9. has four friends
10. buy 10 eggs

Writing Practice ❷

1. has, sheep
2. are my geese
3. has four feet
4. raise four oxen
5. likes children
6. needs glasses
7. catches mice
8. wears jeans
9. feeds deer
10. eat small fish

Part 2 셀 수 없는 명사 p.4-5

Writing Practice ❶

1. buy bread
2. plays soccer
3. is from China
4. likes music
5. puts sugar
6. is math
7. live in New York
8. likes orange juice
9. play chess
10. want peace

Writing Practice ❷

1. a glass of water
2. two glasses of milk
3. a loaf of bread
4. two bottles of wine
5. three pieces of cake
6. two loaves of bread
7. 10 pieces of paper
8. a slice of cheese
9. two cups of tea
10. two bowls of rice

Part 3 There is/are + 명사 p.6-7

Writing Practice ❶

1. There are two crayons
2. There is a sofa
3. There are three pictures
4. There are vegetables
5. There is a rose
6. There is a computer
7. There are five horses
8. There is a plate
9. There are five men
10. There are seven dolls

Writing Practice ❷

1. aren't cookies
2. aren't many trees
3. isn't a musician
4. aren't tigers
5. isn't a lamp
6. Is there a dog
7. Are there her gloves
8. Is there a bridge
9. Are there chairs
10. Are there children

UNIT 2 대명사 ⭐

Part 1 인칭대명사 p.8-9

Writing Practice ❶

1. I, her
2. She, their
3. She, him
4. I, his
5. We, its
6. He, them
7. They, it
8. theirs
9. hers
10. yours

Writing Practice ❷

1. Mike's
2. Ted's
3. my father's
4. Tim's
5. Jessica's
6. Jane's
7. my uncle's
8. the girl's
9. Jack's
10. his nephew's

Part 2 비인칭 주어 it, 지시대명사 this, that ··· p.10-11

Writing Practice ❶

1. sunny today
2. It's summer.
3. It's 5 kilometers from here.
4. It's bright inside.
5. It's 10:10 now.
6. It's March 1st today.
7. It's foggy today.
8. It's very cold in Chicago.
9. It's Sunday today.
10. It's 11 o'clock now.

Writing Practice ❷

1. These are
2. Those cups are
3. That is
4. Those are
5. This is
6. These are
7. These candies are
8. These are
9. That is
10. That backpack is

Part 3 비인칭 주어 it의 다양한 쓰임 ········· p.12-13

Writing Practice ❶

1. day, today
2. It's Tuesday today.
3. the date today
4. It's March seventeenth/17th.

5. It's Thursday.
6. It's June fifteenth / 15th
7. It's Friday today.
8. It's September thirtieth / 30th
9. It's January third / 3rd.
10. It's Saturday today.

Writing Practice ❷

1. How is
2. What time is it?
3. How long does it take
4. How much does it cost
5. It's snowy.
6. It's cloudy.
7. takes two hours
8. It's four forty-five
9. costs 6,000 dollars
10. It's windy

UNIT 3　be동사와 일반동사　

Part 1　be동사의 현재형, 부정문, 의문문 ···· p.14-15

Writing Practice ❶

1. She is
2. We are
3. carrot is
4. They are
5. You are
6. movies are
7. It is
8. hair is
9. socks are
10. She and Jen are

Writing Practice ❷

1. isn't fast
2. aren't yours
3. isn't hungry
4. am not a musician
5. aren't in the classroom
6. Is she
7. Are they
8. Are you
9. Is he
10. Am I

Part 2　일반동사의 현재형, 부정문, 의문문 ········ p.16-17

Writing Practice ❶

1. studies history
2. enjoy reading books
3. needs new shoes
4. cries every morning
5. work at a shopping mall
6. go to the beach
7. likes cats
8. wash the dishes
9. wears a necklace
10. walk to school

Writing Practice ❷

1. doesn't wear a bracelet
2. don't do their best
3. doesn't drive a car
4. doesn't have a zoo
5. don't like Korean food
6. Does he go

7. Does your father wear
8. Do they speak
9. Does she visit
10. Do you help

Part 3　be동사와 일반동사의 구별 ············· p.18-19

Writing Practice ❶

1. O, 그의 숙제를 한다
2. C, 과학자이다
3. C, 피곤하다
4. O, 자전거를 탄다
5. C, 바쁘다
6. O, 비 오는 날을 싫어한다
7. O, 영어를 가르친다
8. C, 맛있다
9. O, 컴퓨터 게임을 즐긴다
10. C, 도서관이다

Writing Practice ❷

1. is, 교실에 있다.
2. don't have, 아침을 먹지 않는다
3. isn't, 똑똑하지 않다
4. am, 축구 선수이다
5. are, 지금 매우 바쁘다
6. knows, 모든 것을 안다
7. catch, 강에서 물고기를 잡는다
8. doesn't, 설거지를 하지 않는다
9. have, 월요일에 영어 수업이 있다
10. aren't, 내 강아지들이 아니다

UNIT 4　형용사와 부사　

Part 1　형용사 ·· p.20-21

Writing Practice ❶

1. is a popular politician
2. The city is not safe.
3. Jamie is a diligent student.
4. She and I wear white socks.
5. She likes cold soup.
6. She buys cheap clothes.
7. It is a chubby frog.
8. I have short hair.
9. He wants a large car.
10. I listen to the loud music.

Writing Practice ❷

1. has few coins
2. has a little oil
3. need a lot of fruits
4. uses much sugar
5. has a few rooms
6. has few coats
7. eat a lot of butter
8. is much noise in the room
9. is a little water in the bottle
10. are a lot of stars in the sky

Part 2 부사 ·········· p.22-23

Writing Practice ❶

1. dances happily
2. swims very fast
3. hardly late for the meeting
4. drives so fast
5. read their books quietly
6. plays the piano very well
7. performs loudly
8. stops suddenly
9. wash their hands quickly
10. rains heavily

Writing Practice ❷

1. never tells a lie
2. sometimes stay at a hotel
3. always studies hard
4. often eat bread
5. usually watches TV in the evening
6. is sometimes open
7. is usually at home on weekends
8. often go to a shopping mall
9. always speaks quietly to him
10. never rains in the desert

Part 3 How + 형용사/부사 ········ p.24-25

Writing Practice ❶

1. often does he take a bath
2. much money does John have
3. long is the movie
4. far is your house from here
5. many days are there in a year
6. much is your coat
7. big is the elephant
8. old are they
9. tall are you
10. heavy are these boxes

Writing Practice ❷

1. play tennis once a week
2. take a walk twice a month
3. drinks milk once a day
4. visit them three times a month
5. goes to the gym twice a year
6. brushes her teeth twice a day
7. washes his car once a month
8. plays the guitar once a week
9. takes a shower once a day
10. eat pizza twice a month

UNIT 5 비교급과 최상급

Part 1 비교급 ·········· p.26-27

Writing Practice ❶

1. is more difficult than
2. is bigger than that apple
3. is colder than yesterday
4. studies harder than Tim
5. is faster than a bus
6. is lower than mine
7. am wiser than Ben
8. are lighter than those
9. is friendlier than his brother
10. is more beautiful than mine

Writing Practice ❷

1. tastes better than that one
2. is worse than mine
3. has more chopsticks than I
4. have less money than you
5. drinks more milk than I
6. is better than yours
7. sings better than her sister
8. is more interesting than that book
9. is more expensive than that chair
10. have less time than you

Part 2 최상급 ·········· p.28-29

Writing Practice ❶

1. is the coldest in this house
2. is the most popular these days
3. is the most careful in my class
4. is the most honest of them
5. is the longest in the world
6. is the most famous singer in Canada
7. is the nicest in this town
8. is the smallest chair in this room
9. is the fastest animal in the world
10. is the heaviest of the women

Writing Practice ❷

1. is the best student in my class
2. have the least apples in this room
3. is the greatest poet in the world
4. is the worst day of my life
5. is the best dish in this restaurant
6. is the best player on our team
7. is the worst of the three
8. have the least books in my class
9. is the best game of all

10. is the worst weather of the year

Writing Practice ❶

1. is smaller than a lion
2. is heavier than Emily
3. is more famous than Ken
4. is busier than Monday
5. is older than Jim
6. is faster than a train
7. is braver than Max
8. am more beautiful than Christina
9. has more money than Sam
10. is darker than my room

Writing Practice ❷

1. is the oldest in the world
2. is the largest in America
3. is the tallest building in the world
4. is the hottest of the four seasons
5. is the cheapest in the store
6. is the most beautiful of the girls
7. is the smartest of my friends
8. is the most popular model in Europe
9. is the largest city in Korea
10. is the longest bridge in Asia

UNIT 6 조동사

Writing Practice ❶

1. can play the piano
2. can go home
3. can run fast
4. can stay here with me
5. Can I drink some water?
6. Can you open the door?
7. can use my smartphone
8. can make cookies
9. can fix my bicycle
10. can jump over the wall

Writing Practice ❷

1. may be tired
2. may eat the apple on the table
3. may save a lot of money
4. may be singers
5. May I use your computer?
6. May I swim here?

7. may be his
8. may know the answer
9. may come early
10. may wear my socks

Writing Practice ❶

1. must / have to clean the living room
2. must be a soccer player
3. must / have to eat food slowly
4. must / have to speak English at school
5. must / have to brush your teeth after meals
6. must / have to study this weekend
7. must be Mexicans
8. must be so smart
9. must / have to finish your homework today
10. must / have to stand in line

Writing Practice ❷

1. should listen to your teacher
2. should buy more tickets
3. should change your plan
4. should park his car here
5. should be at school by 9
6. should sleep regularly
7. should stop eating fast food
8. should tell me everything
9. should book the hotel in advance
10. should see a doctor

Writing Practice ❶

1. cannot / can't ride a bicycle
2. cannot / can't understand her speech
3. may not remember my face
4. may not be hungry now
5. don't have to move to London
6. must not drink coffee at night
7. should not / shouldn't eat too much
8. don't have to go to the market today
9. must not cross the road here
10. may not be my English teacher

Writing Practice ❷

1. Can, take me there
2. May, use your laptop
3. Can, come here for a minute
4. May, take your order
5. Does, have to try it again
6. Should, follow the rules

7. Does, have to wait for Joshua
8. Should, practice now
9. Can, make a sandwich
10. May, watch TV now

UNIT 7 의문사

Part 1 의문사 who, what ········· p.38-39

Writing Practice ❶

1. A : Who is   B : is my father
2. A : Who is   B : is my sister
3. A : Who does   B : helps his mother
4. A : Who do   B : like her
5. A : Who are   B : are new employees

Writing Practice ❷

1. A : What are   B : are glass beads
2. A : What do   B : go to church
3. A : What does   B : learns ballet
4. A : What does   B : wants a laptop
5. A : What is   B : is pasta

Part 2 의문사 when, where, how, why ····· p.40-41

Writing Practice ❶

1. Where is a bookstore?
2. When does, watch TV
3. Where do, live
4. When is, wedding ceremony
5. Where is the parking lot?
6. When does, begin
7. Where does, eat lunch
8. When is, staff meeting
9. Where is the museum?
10. When does, take a walk

Writing Practice ❷

1. How is the weather today?
2. Why does, need sugar
3. Why is, sad
4. How do, get there
5. How is, new house
6. Why do, see the movie
7. Why is, so busy
8. How do, open this bottle
9. Why does, learn English
10. How do, go to school

Part 3 의문사 의문문 ············· p.42-43

Writing Practice ❶

1. How are, doing
2. What is, favorite color
3. Who are, in the room
4. When is, English test
5. Where are, glasses
6. Why is, angry
7. When is, birthday
8. Where is, library
9. Why is, happy
10. How is, sister

Writing Practice ❷

1. What do, eat for lunch
2. Who do, respect
3. Where do, live
4. When does, open
5. Why do, like cats
6. How do, get to the bank
7. What does, do at the store
8. When does, come back
9. What do, want
10. Where does, keep his books

UNIT 8 전치사

Part 1 장소의 전치사 ············· p.44-45

Writing Practice ❶

1. lives in New York
2. is a bookstore in the mall
3. are in my garden
4. is a sofa in the living room
5. is in the gym
6. is not at home now
7. work at the airport
8. often swims in the river
9. is at Seoul Station now
10. studies in the library

Writing Practice ❷

1. is a clock on the wall
2. is behind the bench
3. are two boxes under the bed
4. doesn't sit next to me
5. is a bridge over the river
6. always sleeps on the bed
7. are two cars in front of the garage

8. is a café behind the building
9. is on the table
10. is next to the library

7. is a bank across the street
8. looks outside through the window
9. can swim across the river
10. is across the street

Part 2 시간의 전치사 p.46-47

Writing Practice ❶

1. goes jogging in the morning
2. go to the park on Saturday
3. starts at 5 o'clock
4. have a math class on Thursday
5. always go camping in spring
6. takes a walk in the evening
7. closes at 9:00
8. get up at dawn
9. have a test in September
10. goes skiing on his birthday

Writing Practice ❷

1. takes a shower for 10 minutes
2. go to Europe during the summer vacation
3. plays soccer after school
4. wash my hands before meals
5. watch TV for 3 hours a day
6. go skiing during the winter vacation
7. takes a vacation for three days
8. go to the beach after school
9. snows a lot before spring
10. enjoys beer during the festival

Part 3 방향의 전치사 p.48-49

Writing Practice ❶

1. come out of the stadium
2. is down the street
3. runs into the classroom
4. can dive into the water
5. climbs up the hill every day
6. puts some water into the bowl
7. goes down the stairs
8. enters into the room
9. takes some money out of her pocket
10. climbs up the mountain every weekend

Writing Practice ❷

1. walks across the field
2. returns to Korea
3. walk along the shore
4. runs through the city
5. jog along the river every day
6. drives me to the airport

서술형 문제로 개념 잡는

THE GRAMMAR SPY

진짜

초등 영문법 ①

WORKBOOK

예문사

서술형 문제로 개념 잡는
THE GRAMMAR SPY

진짜
초등 영문법 1

WORKBOOK

예문사

★ ★ ★

Key Sentence **I buy five balls.** 나는 다섯 개의 공을 산다.

[규칙적으로 변하는 명사]

대부분의 명사	명사 + -s	pen**s**, day**s**, cup**s**
-s, -sh, -ch, -x로 끝나는 명사	명사 + -es	bus**es**, brush**es**, box**es**
『자음 + y』로 끝나는 명사	y를 i로 고치고 + -es	baby ➔ bab**ies**, city ➔ cit**ies**
『자음 + o』로 끝나는 명사	명사 + -es	potato**es**, tomato**es**, hero**es**
-f, -fe로 끝나는 명사	f, fe를 v로 고치고 + -es	lea**f** ➔ lea**ves**, life ➔ lives

★ **Writing Practice 1** 주어진 단어를 이용하여 문장을 완성하세요. 필요하면 단어를 변형하세요.

1. 나는 연필 두 자루가 필요하다. (need, pencil)
   ➔ I _____ need _____ two _____ pencils _____.

2. 그가 열쇠 다섯 개를 가지고 있다. (has, key)
   ➔ He _____.

3. Laura는 우산 네 개를 가지고 있다. (has, umbrella)
   ➔ Laura _____.

4. 저것들은 고래들이다. (are, whale)
   ➔ Those _____.

5. 그녀는 두 마리의 캥거루를 원한다. (wants, kangaroo)
   ➔ She _____.

6. 그 요리사는 세 자루의 칼이 필요하다. (needs, knife)
   ➔ The chef _____.

7. 그는 두 명의 아기들을 돌본다. (takes care of, baby)
   ➔ He _____.

8. 나는 세 개의 이야기를 읽는다. (read, story)
   ➔ I _____.

9. Sam에게는 네 명의 친구가 있다. (has, friend)
   ➔ Sam _____.

10. 나는 달걀 10개를 산다. (buy, egg)
    ➔ I _____.

Key Sentence ▶ **They have two children.** 그들에게는 두 명의 아이가 있다.

[불규칙적으로 변하는 명사]

불규칙 명사	man → men, woman → women, foot → feet, tooth → teeth child → children, ox → oxen, mouse → mice, goose → geese
모양이 같은 명사	sheep → sheep, deer → deer, fish → fish

※ glasses, pants, jeans, scissors, shoes, socks와 같이 모양이 같은 두 개의 다른 부분으로 이루어진 사물들은 항상 **복수형**으로 써요.

★ Writing Practice 2   주어진 단어를 이용하여 문장을 완성하세요. 필요하면 단어를 변형하세요.

1. 그 농부는 양 세 마리를 가지고 있다. (has, sheep)
→ The farmer ____has____ three ____sheep____.

2. 그것들은 내 거위들이다. (are, goose)
→ They _____.

3. 코끼리는 네 개의 발을 갖고 있다. (has, foot)
→ An elephant _____.

4. 나는 소 네 마리를 키운다. (raise, ox)
→ I _____.

5. Kelly는 아이들을 좋아한다. (likes, child)
→ Kelly _____.

6. 그는 안경이 필요하다. (needs, glass)
→ He _____.

7. 그 고양이는 쥐들을 잡는다. (catches, mouse)
→ The cat _____.

8. 그녀는 가끔 청바지를 입는다. (wears, jean)
→ She sometimes _____.

9. 그 사육사는 사슴들을 먹인다. (feeds, deer)
→ The zookeeper _____.

10. 상어들은 작은 물고기들을 먹는다. (eat, fish)
→ Sharks _____.

Key Sentence ▶ **He likes** music. 그는 음악을 좋아한다.

[셀 수 없는 명사의 종류]

고유한 이름	Chris, Korea, New York, Mt. Everest 등
물질(고체, 액체, 기체)	gold, butter, sugar, bread, rice, water, milk, money, furniture, air 등
과목, 운동, 게임	math, soccer, tennis, chess 등
추상적인 개념	love, peace, hope, time, health, music, news 등

※ 고유 명사의 첫 글자는 항상 **대문자**로 써요.

⭐ **Writing Practice 1** 주어진 단어를 이용하여 문장을 완성하세요. 필요하면 단어를 변형하세요.

1. 그들은 매일 빵을 산다. (buy, a bread)
   → They _____buy bread_____ every day.

2. 나의 남동생은 축구를 한다. (plays, a soccer)
   → My brother _____.

3. 그녀는 중국에서 왔다. (is, from a China)
   → She _____.

4. Jane은 음악을 좋아한다. (likes, a music)
   → Jane _____.

5. 그는 커피에 설탕을 넣는다. (puts, a sugar)
   → He _____ in his coffee.

6. 내가 가장 좋아하는 과목은 수학이다. (is, a math)
   → My favorite subject _____.

7. 그 학생들은 뉴욕에 산다. (live in, a New York)
   → The students _____.

8. 그녀는 오렌지 주스를 좋아한다. (likes, orange juices)
   → She _____.

9. 우리는 매주 토요일에 체스를 둔다. (play, a chess)
   → We _____ every Saturday.

10. 사람들은 평화를 원한다. (want, a peace)
    → People _____.

Key Sentence ▶ **She drinks a cup of** coffee. 그녀는 커피 한 잔을 마신다.

[셀 수 없는 명사의 수 표현]

a cup of coffee	커피 한 잔	two cups of tea	차 두 잔
a glass of milk	우유 한 잔	two glasses of water	물 두 잔
a bottle of juice	주스 한 병	two bottles of wine	와인 두 병
a piece of cake	케이크 한 조각	two pieces of paper	종이 두 장
a slice of cheese	치즈 한 장	two slices of pizza	피자 두 조각
a loaf of bread	빵 한 덩어리	two loaves of bread	빵 두 덩어리
a bowl of soup	수프 한 그릇	two bowls of rice	밥 두 그릇

★ Writing Practice 2   주어진 단어를 이용하여 문장을 완성하세요. 필요하면 단어를 변형하세요.

1. 나는 매일 아침 물 한 잔을 마신다. (a glass of, water)
→ I drink ___a glass of water___ every moring.

2. 그는 우유 두 잔을 그릇에 붓는다. (two glass of, milk)
→ He pours _____ into the bowl.

3. Max는 빵 한 덩어리를 점심으로 먹는다. (a loaf of, bread)
→ Max eats _____ for lunch.

4. Tom은 매주 와인 두 병을 산다. (two bottle of, wine)
→ Tom buys _____ every week.

5. 나는 케이크 세 조각이 필요하다. (three piece of, cake)
→ I need _____.

6. 그녀는 항상 빵 두 덩어리를 산다. (two loaf of, bread)
→ She always buys _____.

7. 그 소년은 종이 10장이 필요하다. (10 piece of, paper)
→ The boy needs _____.

8. 너의 남동생은 치즈 한 장을 갖고 있다. (a slice of, cheese)
→ Your brother has _____.

9. 그녀는 아침식사 후 차 두 잔을 마신다. (two cup of, tea)
→ She drinks _____ after breakfast.

10. 나는 매일 밥 두 그릇을 먹는다. (two bowl of, rice)
→ I eat _____ every day.

★ ★ ★

Key Sentence ▶ **There is a pen in my bag.** 내 가방에 펜이 있다.

[There is/are + 명사의 형태]

There is + 단수 명사	There are + 복수 명사
There is a bag on the table. (탁자 위에 가방이 있다.)	There are books on the desk. (책상 위에 책들이 있다.)

★ Writing Practice 1   주어진 단어를 이용하여 문장을 완성하세요. 필요하면 단어를 변형하세요.

1. 내 필통에 크레용 두 개가 있다. (there, be, two crayons)
→ <u>There are two crayons</u> in my pencil case.

2. 우리 집에 소파가 한 개가 있다. (there, be, a sofa)
→ _____ in my house.

3. 벽에 그림 세 점이 걸려 있다. (there, be, three pictures)
→ _____ on the wall.

4. 상자 안에 채소들이 있다. (there, be, vegetables)
→ _____ in the box.

5. 꽃병에 장미 한 송이가 있다. (there, be, a rose)
→ _____ in the vase.

6. 그의 방에 컴퓨터 한 대가 있다. (there, be, a computer)
→ _____ in his room.

7. 농장에 말 다섯 마리가 있다. (there, be, five horses)
→ _____ on the farm.

8. 식탁 위에 접시 한 개가 있다. (there, be, a plate)
→ _____ on the table.

9. 공원에 남자 다섯 명이 있다. (there, be, five men)
→ _____ in the park.

10. 내 방에 인형 일곱 개가 있다. (there, be, seven dolls)
→ _____ in my room.

There isn't a pen in my bag. 내 가방에 펜이 없다.
Are there pens in my bag? 내 가방에 펜들이 있니?

[There is/are + 명사의 부정문과 의문문]

부정문	There isn't a pen in my bag.	내 가방에 펜이 없다.
의문문	Are there pens in my bag?	내 가방에 펜들이 있니?
대답	Yes, there are. / No, there aren't.	응. 있어. / 아니. 없어.

⭐ Writing Practice 2   주어진 단어를 이용하여 문장을 완성하세요. 필요하면 단어를 변형하세요.

1. 식탁 위에 쿠키들이 없다. (be, cookies)
→ There ___aren't cookies___ on the table.

2. 그 숲에 나무들이 많지 않다. (be, many trees)
→ There _____ in the forest.

3. 무대 위에 음악가가 없다. (be, a musician)
→ There _____ on the stage.

4. 동물원에 호랑이들이 없다. (be, tigers)
→ There _____ in the zoo.

5. 내 방에 램프가 없다. (be, a lamp)
→ There _____ in my room.

6. 내 방에 개가 있니? (there, be, a dog)
→ _____ in my room?

7. 상자 안에 그녀의 장갑이 있니? (there, be, her gloves)
→ _____ in the box?

8. 강 위에 다리가 있니? (there, be, a bridge)
→ _____ over the river?

9. 부엌에 의자들이 있니? (there, be, chairs)
→ _____ in the kitchen?

10. 극장에 아이들이 있니? (there, be, children)
→ _____ in the theater?

Key Sentence ▶ **She is my sister.** 그녀는 나의 여동생이다.

[인칭대명사의 격 변화]

인칭	주격(주어)		소유격(소유)		목적격(목적어)		소유대명사(소유격＋명사)	
	단수	복수	단수	복수	단수	복수	단수	복수
1인칭	I	we	my	our	me	us	mine	ours
2인칭	you		your		you		yours	
3인칭	he	they	his	their	him	them	his	theirs
	she		her		her		hers	
	it		its		it		×	

⭐ **Writing Practice 1**   주어진 단어를 이용하여 문장을 완성하세요. 필요하면 단어를 변형하세요.

1. 나는 그녀를 좋아한다. (I, she)
   → _____I_____ like _____her_____.

2. 그녀는 그들의 영어 선생님이다. (She, they)
   → _____ is _____ English teacher.

3. 그녀는 매주 일요일에 그를 만난다. (She, he)
   → _____ meets _____ every Sunday.

4. 나는 매일 그의 펜을 빌린다. (I, he)
   → _____ borrow _____ pen every day.

5. 우리는 그것의 색깔을 좋아한다. (We, it)
   → _____ like _____ color.

6. 그는 아침에 그것들을 먹는다. (He, they)
   → _____ eats _____ in the morning.

7. 그들은 그것을 매일 청소한다. (They, it)
   → _____ clean _____ every day.

8. 그 새로운 책가방들은 그들의 것이다. (they)
   → The new backpacks are _____.

9. 그 안경은 그녀의 것이다. (she)
   → The glasses are _____.

10. 그 작은 자동차는 너의 것이다. (you)
    → The small car is _____.

Key Sentence ▶ **Jack's horse is fast.** 잭의 말은 빠르다.

⭐⭐⭐

[명사의 소유격과 소유대명사]

명사의 소유격		명사의 소유대명사	
Jack's book Jack의 책	the **girls'** shoes 소녀들의 신발	The books are **Jack's**. 그 책들은 Jack의 것이다.	The shoes are the **girls'**. 그 신발은 소녀들의 것이다.

⭐ **Writing Practice 2**   주어진 단어를 이용하여 문장을 완성하세요. 필요하면 단어를 변형하세요.

1. 이 검정색 바지는 Mike의 것이다. (Mike)
→ These black pants are _____Mike's_____.

2. 저 오렌지는 Ted의 것이다. (Ted)
→ That orange is _____.

3. 저 햄버거들은 나의 아빠의 것이다. (my father)
→ Those hamburgers are _____.

4. 이 가방은 Tim의 것이다. (Tim)
→ This bag is _____.

5. 그 노란색 책은 Jessica의 것이다. (Jessica)
→ The yellow book is _____.

6. 그것들은 Jane의 신발이다. (Jane)
→ They are _____ shoes.

7. 저것은 나의 삼촌의 자동차이다. (my uncle)
→ That is _____ car.

8. 이것은 그 소녀의 인형이다. (the girl)
→ This is _____ doll.

9. 그것은 Jack의 애완 강아지이다. (Jack)
→ It is _____ pet dog.

10. 이것들은 그의 조카의 동전들이다. (his nephew)
→ These are _____ coins.

Key Sentence ▶ **It is Sunday today.** 오늘은 일요일이다.

[비인칭주어 it의 쓰임]

시간	**It** is 7 o'clock.	7시이다.
날짜 / 요일	**It** is May 5ᵗʰ. **It's** Friday.	5월 5일이다. 금요일이다.
날씨	**It's** snowy.	눈이 내린다.
계절	**It's** spring.	봄이다.
거리	**It's** 2 kilometers from here.	여기서부터 2킬로미터이다.
명암	**It's** dark outside.	밖은 어둡다.

★ Writing Practice 1 주어진 단어를 이용하여 문장을 완성하세요. 필요하면 단어를 변형하세요.

1. 오늘은 날씨가 맑다. (sunny, today)
→ It's _____ sunny today _____.

2. 여름이다. (summer)
→ _____

3. 여기서부터 5킬로미터이다. (5 kilometers, from here)
→ _____

4. 안은 밝다. (bright, inside)
→ _____

5. 지금은 10시 10분이다. (10:10, now)
→ _____

6. 오늘은 3월 1일이다. (March 1ˢᵗ, today)
→ _____

7. 오늘은 안개가 꼈다. (foggy, today)
→ _____

8. 시카고는 매우 춥다. (very cold, in Chicago)
→ _____

9. 오늘은 일요일이다. (Sunday, today)
→ _____

10. 지금은 11시이다. (11 o'clock, now)
→ _____

Key Sentence ▶ **This is a book.** 이것은 책이다.

[지시대명사 this와 that]

지시대명사	거리	복수형
this (이것, 이 사람)	가까이 있는 것	**these** (이것들, 이 사람들)
that (저것, 저 사람)	멀리 있는 것	**those** (저것들, 저 사람들)

※ 명사 앞에 쓰는 this와 that
명사 앞에서 형용사처럼 사용되는 this와 that은 **지시형용사**라고 하고 '이 ~', '저 ~'라고 해석해요.
복수형은 **these/those + 복수명사**와 함께 써요.

★ Writing Practice 2 주어진 단어를 이용하여 문장을 완성하세요. 필요하면 단어를 변형하세요.

1. 이것들은 나의 토끼들이다. (This, are)
→ _____These are_____ my rabbits.

2. 저 컵들은 새것이다. (That cups, are)
→ _____ new.

3. 저 사람은 나의 누나이다. (That, is)
→ _____ my older sister.

4. 저 사람들은 나의 직원들이다. (That, are)
→ _____ my staff.

5. 이 사람은 나의 담임 선생님이다. (This, is)
→ _____ my homeroom teacher.

6. 이것들은 그의 자전거들이다. (This, are)
→ _____ his bicycles.

7. 이 사탕들은 그녀의 것이다. (This candies, are)
→ _____ hers.

8. 이것들은 똑똑한 고양이들이다. (This, are)
→ _____ smart cats.

9. 저것은 달력이다. (That, is)
→ _____ a calendar.

10. 저 책가방은 나의 것이다. (That backpack, is)
→ _____ mine.

★ ★ ★

Key Sentence ▶ **It is July 5ᵗʰ today.** 오늘은 7월 5일이다.

[요일, 날짜 말하기]

요일	What day is it? (무슨 요일이니?)	**It** is Monday. (월요일이다.)
날짜	What's the date today? (오늘은 며칠이니?)	**It** is April 3ʳᵈ. (4월 3일이다.)

※ 일을 나타내는 말은 첫째, 둘째, 셋째 등으로 순서를 셀 때 사용하는 **서수**로 써요.

first = 1ˢᵗ, second = 2ⁿᵈ, third = 3ʳᵈ, fourth = 4ᵗʰ, fifth = 5ᵗʰ, sixth = 6ᵗʰ,

seventh = 7ᵗʰ, eighth = 8ᵗʰ, ninth = 9ᵗʰ, tenth = 10ᵗʰ, eleventh = 11ᵗʰ, twelfth = 12ᵗʰ,

twentieth = 20ᵗʰ, thirtieth = 30ᵗʰ

★ **Writing Practice 1**   주어진 단어를 이용하여 문장을 완성하세요. 필요하면 단어를 변형하세요.

1. 오늘 무슨 요일이니? (day, today)
→ What _____day_____ is it _____today_____?

2. 오늘은 화요일이다. (Tuesday, today)
→ _____

3. 오늘은 며칠이니? (date, today)
→ What's _____?

4. 3월 17일이다. (March, seventeenth)
→ _____

5. 목요일이다. (Thursday)
→ _____

6. 오늘은 6월 15일이다. (June, fifteenth)
→ _____ today.

7. 오늘은 금요일이다. (Friday, today)
→ _____

8. 오늘은 9월 30일이다. (September, thirtieth)
→ _____ today.

9. 1월 3일이다. (January, third)
→ _____

10. 오늘은 토요일이다. (Saturday, today)
→ _____

Key Sentence ▸ **It's sunny today.** 오늘은 날씨가 화창하다.

[날씨, 시간, 금액 말하기]

날씨	How is the weather? (날씨가 어떠니?)	**It**'s sunny. (화창하다.)
시간	What time is it? (몇 시니?)	**It**'s 7:50(seven fifty). (7시 50분이다.)
걸린 시간	How long does it take to get there? (거기까지 가는 데 얼마나 걸리니?)	**It** takes three hours. (3시간 걸린다.)
금액	How much does it cost to buy the car? (그 차를 사는 데 얼마가 드니?)	**It** costs 30,000 dollars. (3만 달러가 든다.)

⭐ **Writing Practice 2**   주어진 단어를 이용하여 문장을 완성하세요. 필요하면 단어를 변형하세요.

1. 날씨가 어떠니? (How, be)
→ _____How is_____ the weather?

2. 몇 시니? (What, time)
→ _____

3. 거기까지 가는 데 얼마나 걸리니? (How long, take)
→ _____ to get there?

4. 그 집을 사는 데 얼마가 드니? (How much, cost)
→ _____ to buy the house?

5. 눈이 온다. (snowy)
→ _____

6. 날씨가 흐리다. (cloudy)
→ _____

7. 2시간 걸린다. (take, two hours)
→ It _____.

8. 지금은 4시 45분이다. (four, forty-five)
→ _____ now.

9. 6,000달러가 든다. (cost, 6,000 dollars)
→ It _____.

10. 오늘은 바람이 분다. (windy)
→ _____ today.

Key Sentence ▶ **I am a singer.** 나는 가수이다.

[be동사의 현재형과 형태]

수	인칭	주어	be동사	줄임말
단수	1인칭	I	am	I'm
	2인칭	You	are	You're
	3인칭	He	is	He's / She's / It's
복수	1인칭	We		We're
	2인칭	You	are	You're
	3인칭	They		They're

※ 주어가 단수 명사일 때 be동사는 **is**를, 복수 명사일 때는 **are**를 써요.

⭐ Writing Practice 1   주어진 단어를 이용하여 문장을 완성하세요. 필요하면 단어를 변형하세요.

1. 그녀는 과학자이다. (She, be)
→ _____ She is _____ a scientist.

2. 우리는 부엌에 있다. (We, be)
→ _____ in the kitchen.

3. 당근은 채소이다. (carrot, be)
→ A _____ a vegetable.

4. 그들은 나의 사촌들이다. (They, be)
→ _____ my cousins.

5. 너는 오늘 바쁘다. (You, be)
→ _____ busy today.

6. 그 영화들은 지루하다. (movie, be)
→ The _____ boring.

7. 그것은 내 아버지의 자동차이다. (It, be)
→ _____ my father's car.

8. Jenny의 머리는 갈색이다. (hair, be)
→ Jenny's _____ brown.

9. 그 양말들은 나의 것이다. (socks, be)
→ The _____ mine.

10. 그녀와 Jen은 서울역에 있다. (She and Jen, be)
→ _____ at Seoul Station.

Key Sentence

I am not a singer. 나는 가수가 아니다.
Are you a singer? 너는 가수이니?

[be동사의 부정문과 의문문]

평서문	I	am	a	singer.	나는 가수**이다**.
부정문	I	am not	a	singer.	나는 가수가 **아니다**.
의문문	Am	I	a	singer?	나는 가수**이니?**

※ be동사의 부정문은 be동사 뒤에 not을 붙이고, be동사의 의문문은 be동사와 주어의 위치를 바꾸고, 문장 마지막에 물음표를 붙여요.

★ Writing Practice 2   주어진 단어를 이용하여 문장을 완성하세요. 필요하면 단어를 변형하세요.

1. 그는 빠르지 않다. (be, fast)

   → He _____ isn't fast _____.

2. 그것들은 너의 것이 아니다. (be, yours)

   → They _____.

3. 그녀는 배고프지 않다. (be, hungry)

   → She _____.

4. 나는 음악가가 아니다. (be, a musician)

   → I _____.

5. 우리는 교실에 없다. (be, in the classroom)

   → We _____.

6. 그녀는 너의 선생님이니? (be, she)

   → _____ your teacher?

7. 그들은 너의 삼촌들이니? (be, they)

   → _____ your uncles?

8. 너희들은 공원에 있니? (be, you)

   → _____ in the park?

9. 그는 위대한 과학자이니? (be, he)

   → _____ a great scientist?

10. 내가 틀리니? (be, I)

    → _____ wrong?

★ ★ ★

Key Sentence ▶ **I study English.** 나는 영어를 공부한다.

[일반동사의 현재형]

대부분의 동사	동사원형 + -s	plays, sees, feels, calls, likes, wants, buys, speaks, enjoys
-o,-s, -ch, -sh, -x로 끝나는 동사	동사원형 + -es	does, goes, passes, teaches, wishes, watches, fixes
자음 + y로 끝나는 동사	y를 i로 고치고 + -es	studies, tries, cries, flies
불규칙하게 변하는 동사		have ➔ has

※ 일반동사는 주어가 I, You, We, They일 때는 동사원형을 쓰고, He, She, It일 때는 동사 뒤에 -(e)s를 붙여요.

★ Writing Practice 1   주어진 단어를 이용하여 문장을 완성하세요. 필요하면 단어를 변형하세요.

1. 그녀는 역사를 공부한다. (study, history)
   → She _____studies history_____.

2. 우리는 책 읽는 것을 즐긴다. (enjoy, reading books)
   → We _____.

3. 그는 새 신발이 필요하다. (need, new shoes)
   → He _____.

4. Sam은 매일 아침 운다. (cry, every morning)
   → Sam _____.

5. 그들은 쇼핑몰에서 일한다. (work at, a shopping mall)
   → They _____.

6. 우리는 자주 해변에 간다. (go to, the beach)
   → We often _____.

7. Luke는 고양이를 좋아한다. (like, cats)
   → Luke _____.

8. Tom과 나는 설거지를 한다. (wash, the dishes)
   → Tom and I _____.

9. 나의 엄마는 목걸이를 한다. (wear, a necklace)
   → My mom _____.

10. 나는 학교에 걸어간다. (walk, to school)
    → I _____.

Key Sentence ▶ **I do not/don't like milk.** 나는 우유를 좋아하지 않는다.
Do you like milk? 너는 우유를 좋아하니?

[일반동사의 부정문과 의문문]

평서문	She	lives		in Tokyo.	그녀는 도쿄에 **산다**.
부정문	She	doesn't	live	in Tokyo.	그녀는 도쿄에 **살지 않는다**.
의문문	Does	She	live	in Tokyo?	그녀는 도쿄에 **사니?**

※ 일반동사의 의문문에 대한 대답은 Yes나 No로 해요.
Do you like fish? ➜ Yes, I do. / No, I don't.   Does he study hard? ➜ Yes, he does. / No, he doesn't.

★ Writing Practice 2   주어진 단어를 이용하여 문장을 완성하세요. 필요하면 단어를 변형하세요.

1. 내 여동생은 팔찌를 하지 않는다. (wears, a bracelet)
→ My sister ___doesn't wear a bracelect___.

2. 그들은 최선을 다하지 않는다. (do, their best)
→ They _____.

3. 그녀는 차를 운전하지 않는다. (drives, a car)
→ She _____.

4. 그 도시에는 동물원이 없다. (has, a zoo)
→ The city _____.

5. 우리는 한국음식을 좋아하지 않는다. (like, Korean food)
→ We _____.

6. 그는 학교에 가니? (he, goes)
→ _____ to school?

7. 너의 아버지는 안경을 쓰시니? (your father, wear)
→ _____ glasses?

8. 그들은 중국어를 하니? (they, speak)
→ _____ Chinese?

9. 그녀는 그녀의 할머니를 방문하니? (she, visit)
→ _____ her grandmother?

10. 너는 엄마를 돕니? (you, help)
→ _____ your mom?

★ ★ ★

Key Sentence ▶ I am a pianist (보어). 나는 피아니스트이다.
I play the piano (목적어). 나는 피아노를 연주한다.

[be동사와 일반동사의 비교]

	주어	서술어	보어
be동사	I	am	a singer.
	나는	이다.	가수
	주어	서술어	목적어
일반동사	I	study	English.
	나는	공부한다.	영어를

★ **Writing Practice 1** 다음 밑줄 친 말이 보어이면 C, 목적어이면 O를 쓰고, 우리말을 완성하세요.

1. He does his homework. (O) → 그는 _____ 그의 숙제를 한다 _____.

2. She is a scientist. (　　) → 그녀는 _____.

3. They are tired. (　　) → 그들은 _____.

4. Jack rides a bicycle. (　　) → Jack은 _____.

5. Susan and I are busy. (　　) → Susan과 나는 _____.

6. I hate rainy days. (　　) → 나는 _____.

7. We teach English. (　　) → 우리는 _____.

8. These cookies are delicious. (　　) → 이 쿠키들은 _____.

9. She enjoys computer games. (　　) → 그녀는 _____.

10. That building is a library. (　　) → 저 건물은 _____.

Key Sentence ▶ He is / (fixes) his bike. 그는 그의 자전거를 수리한다.

[be동사와 일반동사의 형태와 의미]

be동사	I	am	a student.	나는 학생이다.
일반동사	She	goes	to school.	그녀는 학교에 간다.

★ **Writing Practice 2** 다음 괄호 안에서 알맞은 것을 고르고 우리말을 완성하세요.

1. He (is / does) in the classroom.

   → 그는 ＿＿＿＿＿＿＿＿＿＿ 교실에 있다 ＿＿＿＿＿＿＿＿＿＿.

2. They (are / don't have) breakfast.

   → 그들은 ＿＿＿＿＿＿＿＿＿＿＿＿＿＿＿＿＿＿.

3. She (isn't / doesn't) smart.

   → 그녀는 ＿＿＿＿＿＿＿＿＿＿＿＿＿＿＿＿＿＿.

4. I (am / play) a soccer player.

   → 나는 ＿＿＿＿＿＿＿＿＿＿＿＿＿＿＿＿＿＿.

5. We (are / does) so busy now.

   → 우리는 ＿＿＿＿＿＿＿＿＿＿＿＿＿＿＿＿＿＿.

6. Mark (is / knows) everything.

   → Mark는 ＿＿＿＿＿＿＿＿＿＿＿＿＿＿＿＿＿＿.

7. The girls (are / catch) fish in the river.

   → 그 소녀들은 ＿＿＿＿＿＿＿＿＿＿＿＿＿＿＿＿.

8. My sister (isn't / doesn't) wash the dishes.

   → 내 여동생은 ＿＿＿＿＿＿＿＿＿＿＿＿＿＿＿＿.

9. He and I (are / have) English classes on Monday.

   → 그와 나는 ＿＿＿＿＿＿＿＿＿＿＿＿＿＿＿＿＿.

10. These (aren't / don't) my puppies.

    → 이것들은 ＿＿＿＿＿＿＿＿＿＿＿＿＿＿＿＿＿＿.

★ ★ ★

Key Sentence ▶ **My brother is busy.** 내 남동생은 바쁘다.

[형용사의 역할]

명사 꾸밈	He is a <u>famous</u> singer.	그는 유명한 가수이다.
주어 보충 설명	She is **kind**. (She = kind)	그녀는 친절하다.

⭐ **Writing Practice 1** 　주어진 단어를 이용하여 우리말과 일치하는 문장을 완성하세요.

1. popular, is, a, he, politician (그는 인기 있는 정치인이다.) → He ____is a popular politician____.

2. not, city, safe, the, is (그 도시는 안전하지 않다.) → _____

3. a, Jamie, student, diligent, is
   (Jamie는 성실한 학생이다.) → _____

4. and I, socks, white, she, wear
   (그녀와 나는 하얀 양말을 신는다.) → _____

5. likes, cold, she, soup (그녀는 차가운 수프를 좋아한다.) → _____

6. she, clothes, buys, cheap (그녀는 값이 싼 옷들을 산다.) → _____

7. frog, is, chubby, it, a (그것은 뚱뚱한 개구리이다.) → _____

8. have, I, hair, short (나는 짧은 머리를 가지고 있다.) → _____

9. car, a, he, large, wants (그는 큰 자동차를 원한다.) → _____

10. listen to, music, loud, the, I
    (나는 시끄러운 음악을 듣는다.) → _____

Key Sentence ▶ I need many pencils. 나는 많은 연필이 필요하다.

[수량형용사]

셀 수 있는 명사의 수량형용사	셀 수 없는 명사의 수량형용사	둘 다 사용할 수 있는 수량형용사
many (많은) books	**much** (많은) money	**a lot of** (많은) animals
a few (약간의) books	**a little** (약간의) money	**a lot of** (많은) water
few (거의 없는) books	**little** (거의 없는) money	

★ Writing Practice 2   주어진 단어 중 알맞은 단어들을 골라 문장을 완성하세요.

1. Timothy는 동전이 거의 없다. (has, few, little, coins) → Timothy _____ has few coins _____.

2. 그녀는 약간의 오일을 갖고 있다. (has, a few, a little, oil) → She _____.

3. 나는 많은 과일이 필요하다. (need, much, a lot of, fruits) → I _____.

4. 그 요리사는 설탕을 많이 사용한다.
   (uses, many, much, sugar) → The cook _____.

5. 저 집에는 방이 몇 개 있다. (has, a few, a little, rooms) → That house _____.

6. 그는 코트가 거의 없다. (has, few, little, coats) → He _____.

7. 나는 버터를 많이 먹는다. (eat, many, a lot of, butter) → I _____.

8. 방에 소음이 많다. (is, many, much, noise, in the room) → There _____.

9. 병에 물이 조금 있다.
   (is, a few, a little, water, in the bottle) → There _____.

10. 하늘에 많은 별이 있다.
    (are, a lot of, much, stars, in the sky) → There _____.

★ ★ ★

Key Sentence ▶ **He shouts loudly.** 그는 크게 소리친다.

[부사의 형태]

대부분의 부사	형용사 + -ly	slow ➔ slowly, quiet ➔ quietly, loud ➔ loudly
자음 + y로 끝나는 형용사	y를 i로 바꾸고 + -ly	busy ➔ busily, easy ➔ easily, happy ➔ happily
-e로 끝나는 형용사	e를 빼고 + -ly	gentle ➔ gently, simple ➔ simply, true ➔ truly

※ 부사는 **동사, 형용사, 다른 부사**를 꾸며주는 역할을 해요. 그리고 대부분의 부사는 형용사에 -ly를 붙여요.

★ **Writing Practice 1** 주어진 단어를 이용하여 문장을 완성하세요. 필요하면 단어를 변형하세요.

1. Benny는 행복하게 춤춘다. (dances, happy)

→ Benny _____dances happily_____ .

2. 그는 매우 빠르게 수영한다. (swims, very, fast)

→ He _____ .

3. 나는 회의에 거의 늦지 않는다. (hard, late, for the meeting)

→ I _____ .

4. 그녀는 너무 빠르게 운전한다. (drives, so, fast)

→ She _____ .

5. 그 학생들은 책을 조용히 읽는다. (read, their books, quiet)

→ The students _____ .

6. Jenny는 피아노를 매우 잘 친다.
(plays, the piano, very, well)

→ Jenny _____ .

7. 그의 밴드는 큰 소리로 공연한다. (performs, loud)

→ His band _____ .

8. 그 기차는 갑자기 멈춘다. (stops, sudden)

→ The train _____ .

9. 아이들은 빠르게 손을 씻는다. (wash, their hands, quick)

→ Children _____ .

10. 비가 심하게 내린다. (rains, heavy)

→ It _____ .

Key Sentence ▶ **She always gets up early.** 그녀는 항상 일찍 일어난다.

[빈도부사]

always (100%)	I **always** have breakfast.	나는 **항상** 아침을 먹는다.
usually (75%)	I **usually** have breakfast.	나는 **보통** 아침을 먹는다.
often (50%)	I **often** have breakfast.	나는 **종종** 아침을 먹는다.
sometimes (25%)	I **sometimes** have breakfast.	나는 **가끔** 아침을 먹는다.
never (0%)	I **never** have breakfast.	나는 **결코** 아침을 먹지 **않는다**.

※ 빈도부사는 **be동사와 조동사의 뒤, 일반동사의 앞**에 써요.

★ **Writing Practice 2**   주어진 단어를 이용하여 우리말과 일치하는 문장을 완성하세요.

1. a lie, tells, never (그녀는 결코 거짓말을 하지 않는다.) → She _____ never tells a lie _____ .

2. stay, sometimes, at a hotel (그들은 가끔 호텔에 머문다.) → They _____ .

3. hard, studies, always (Jack은 항상 열심히 공부한다.) → Jack _____ .

4. eat, often, bread (우리는 종종 빵을 먹는다.) → We _____ .

5. TV, usually, watches, in the evening (그는 보통 저녁에 TV를 본다.) → He _____ .

6. open, is, sometimes (그 문은 가끔 열려 있다.) → The door _____ .

7. usually, on weekends, at home, is (그는 보통 주말에 집에 있다.) → He _____ .

8. a shopping mall, often, go to (나는 종종 쇼핑몰에 간다.) → I _____ .

9. to him, always, speaks, quietly (그녀는 항상 그에게 조용히 말한다.) → She _____ .

10. in the desert, rains, never (사막에는 결코 비가 내리지 않는다.) → It _____ .

★ ★ ★

Key Sentence ▶ How often do you go to the library?
너는 얼마나 자주 도서관에 가니?

[How + 형용사/부사]

how old	나이	how many	개수	how far	거리
how tall	키	how long	길이/기간	how big	크기
how often	빈도	how much	양/가격	how heavy	무게

※ how 뒤에 형용사나 부사가 오면 '얼마나 ~한/하게'라는 의미가 돼요.

★ **Writing Practice 1** 주어진 단어를 이용하여 문장을 완성하세요. 필요하면 단어를 변형하세요.

1. 그는 얼마나 자주 목욕하니? (often, do, he, take a bath)
→ How _____often does he take a bath_____ ?

2. John은 돈을 얼마나 갖고 있니?
(much, money, do, John, have)
→ How _____ ?

3. 그 영화는 상영 시간이 얼마나 되니? (long, be, the movie)
→ How _____ ?

4. 너희 집은 여기서 얼마나 머니?
(far, be, your house, from here)
→ How _____ ?

5. 일년은 며칠이니? (many, days, be, there, in a year)
→ How _____ ?

6. 네 코트는 얼마니? (much, be, your coat)
→ How _____ ?

7. 그 코끼리는 얼마나 크니? (big, be, the elephant)
→ How _____ ?

8. 그들은 몇 살이니? (old, be, they)
→ How _____ ?

9. 너는 키가 몇이니? (tall, be, you)
→ How _____ ?

10. 이 상자들은 얼마나 무겁니? (heavy, be, these boxes)
→ How _____ ?

Key Sentence ▶ **I go to the library twice a week.**
나는 일주일에 두 번 도서관에 간다.

[How often ~?의 대답]

once a + 기간	once a week (일주일에 한 번), once a day (하루에 한 번)
twice a + 기간	twice a month (한 달에 두 번), twice a year (1년에 두 번)
기수 +times a + 기간	three times a week (일주일에 세 번)

※ 세 번 이상은 **기수 + times**를 써서 나타내고, 여러 번은 **several times**라고 해요.

★ Writing Practice 2   주어진 단어를 이용하여 문장을 완성하세요. 필요하면 단어를 변형하세요.

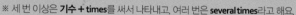

1. 나는 일주일에 한 번 테니스를 친다.
   (play tennis, once, week)
   → I _____ play tennis once a week _____.

2. 그들은 한 달에 두 번 산책을 한다.
   (take a walk, twice, month)
   → They _____.

3. 그녀는 하루에 한 번 우유를 마신다.
   (drinks milk, once, day)
   → She _____.

4. 나는 한 달에 세 번 그들을 방문한다.
   (visit them, three times, month)
   → I _____.

5. 그는 일년에 두 번 체육관에 간다.
   (goes to the gym, twice, year)
   → He _____.

6. 그녀는 하루에 두 번 이를 닦는다.
   (brushes her teeth, twice, day)
   → She _____.

7. Jack은 한 달에 한 번 세차를 한다.
   (washes his car, once, month)
   → Jack _____.

8. 그녀는 일주일에 한 번 기타를 친다.
   (plays the guitar, once, week)
   → She _____.

9. 그는 하루에 한 번 샤워를 한다.
   (takes a shower, once, day)
   → He _____.

10. 우리는 한 달에 두 번 피자를 먹는다.
    (eat pizza, twice, month)
    → We _____.

★ ★ ★

Key Sentence ▶ **He is taller than you.** 그는 너보다 키가 더 크다.

[비교급의 규칙 변화]

대부분의 단어	-er을 붙여요.	older (나이가 더 많은)
-e로 끝나는 단어	-r을 붙여요.	wiser (더 현명한)
단모음 + 단자음으로 끝나는 단어	마지막 자음을 한 번 더 쓰고 -er을 붙여요.	bigger (더 큰)
자음 + y로 끝나는 단어	y를 i로 바꾸고 -er을 붙여요.	easier (더 쉬운)
3음절 이상의 단어	형용사/부사 앞에 more를 붙여요.	more difficult (더 어려운)

※ 비교의 대상 앞에 than을 써서 '~보다 더 ~한'이라는 의미를 나타내요.

★ Writing Practice 1   주어진 단어를 이용하여 문장을 완성하세요. 필요하면 단어를 변형하세요.

1. 이 문제는 저 문제보다 더 어렵다. (is, difficult, than) → This question <u>is more difficult than</u> that one.

2. 이 토마토가 저 사과보다 크다. (is, big, than, that apple) → This tomato _____.

3. 오늘은 어제보다 더 춥다. (is, cold, than, yesterday) → Today _____.

4. 그는 Tim보다 더 열심히 공부한다. (study, hard, than, Tim) → He _____.

5. 지하철은 버스보다 빠르다. (is, fast, than, a bus) → A subway _____.

6. 그의 시험점수는 내 것보다 더 낮다. (is, low, than mine) → His test score _____.

7. 나는 Ben보다 더 현명하다. (am, wise, than Ben) → I _____.

8. 이것들은 저것들보다 가볍다. (are, light, than, those) → These _____.

9. 그는 그의 형보다 더 다정하다.
(is, friendly, than his brother) → He _____.

10. Jen의 정원은 내 것보다 더 아름답다.
(is, beautiful, than, mine) → Jen's garden _____.

Key Sentence ▶ **My car is better than yours.** 내 차는 네 것보다 더 좋다.

[비교급의 불규칙 변화]

단어	뜻 / 품사	비교급	단어	뜻 / 품사	비교급
good	좋은 / 형용사	better	many	많은 / 형용사	more
well	잘 / 부사	better	much	많은 / 형용사	more
bad	나쁜 / 형용사	worse	little	적은 / 형용사	less

★ **Writing Practice 2** 주어진 단어를 이용하여 문장을 완성하세요. 필요하면 단어를 변형하세요.

1. 이 파스타는 저것보다 더 맛있다.
   (tastes, good, than, that one)
   → This pasta __tastes better than that one__.

2. 네 점수는 내 점수보다 더 나쁘다.
   (is, bad, than, mine)
   → Your score _____.

3. 그는 나보다 젓가락을 더 많이 갖고 있다.
   (has, many, chopsticks, than, I)
   → He _____.

4. 나는 너보다 돈을 더 적게 갖고 있다.
   (have, little, money, than, you)
   → I _____.

5. 그녀는 나보다 우유를 더 많이 마신다.
   (drinks, much, milk, than, I)
   → She _____.

6. 내 아이디어는 너의 것보다 좋다.
   (is, good, than, yours)
   → My idea _____.

7. 그녀는 그녀의 여동생보다 노래를 잘한다.
   (sings, good, than, her sister)
   → She _____.

8. 이 책은 저 책보다 더 재미있다.
   (is, much, interesting, than, that book)
   → This book _____.

9. 이 책상은 저 의자보다 비싸다.
   (is, much, expensive, than, that chair)
   → This desk _____.

10. 나는 너보다 시간이 더 적다.
    (have, little, time, than, you)
    → I _____.

 I am the tallest in my class. 나는 우리 반에서 키가 가장 크다.

[최상급의 규칙 변화]

대부분의 단어	-est를 붙여요.	coldest (가장 추운)
-e로 끝나는 단어	-st를 붙여요.	nicest (가장 멋진)
단모음 + 단자음으로 끝나는 단어	자음을 한 번 더 쓰고 -est를 붙여요.	saddest (가장 슬픈)
자음 + y로 끝나는 단어	y를 i로 바꾸고 -est를 붙여요.	heaviest (가장 무거운)
3음절 이상의 단어	형용사/부사 앞에 most를 붙여요.	most popular (가장 인기 있는)

※ 최상급 앞에는 항상 **the**를 붙여요.

★ Writing Practice 1 주어진 단어를 이용하여 문장을 완성하세요. 필요하면 단어를 변형하세요.

1. 그의 방이 이 집에서 가장 춥다. (is, cold, in this house)
→ His room ___is the coldest in this house___.

2. 이 노래는 요즘 가장 인기 있다. (is, popular, these days)
→ This song _____.

3. 그는 우리 반에서 가장 조심성이 있다.
(is, careful, in my class)
→ He _____.

4. James는 그들 중 가장 정직하다. (is, honest, of them)
→ James _____.

5. 이 강은 세계에서 가장 길다. (is, long, in the world)
→ This river _____.

6. 그는 캐나다에서 가장 유명한 가수이다.
(is, famous, singer, in Canada)
→ He _____.

7. 이 호텔이 이 마을에서 가장 멋지다.
(is, nice, in this town)
→ This hotel _____.

8. 이것은 이 방에서 가장 작은 의자다.
(is, small, chair, in this room)
→ This _____.

9. 그것은 세계에서 가장 빠른 동물이다.
(is, fast, animal, in the world)
→ It _____.

10. Kelly는 그 여자들 중에서 가장 무겁다.
(is, heavy, of the women)
→ Kelly _____.

He is the **best** chef in this hotel.
그는 이 호텔 최고의 요리사다.

[최상급의 불규칙 변화]

일정한 규칙 없이 불규칙적으로 변해요.

원급	최상급	원급	최상급
good	best (가장 좋은)	many	most (가장 많은)
well	best (가장 좋은)	much	most (가장 많은)
bad	worst (가장 나쁜)	little	least (가장 적은)

⭐ Writing Practice 2 주어진 단어를 이용하여 문장을 완성하세요. 필요하면 단어를 변형하세요.

1. 그는 우리 반에서 가장 훌륭한 학생이다.
   (is, good, student, in my class)
   → He _is the best student in my class_.

2. 나는 이 방에서 사과를 가장 적게 갖고 있다.
   (have, little, apples, in this room)
   → I _____.

3. 그녀는 세계에서 가장 위대한 시인이다.
   (is, great, poet, in the world)
   → She _____.

4. 오늘은 내 인생 최악의 날이다.
   (is, bad, day, of my life)
   → Today _____.

5. 이것은 이 식당 최고의 음식이다.
   (is, good, dish, in this restaurant)
   → This _____.

6. 그는 우리 팀 최고의 선수이다.
   (is, good, player, on our team)
   → He _____.

7. 그녀의 점수는 셋 중에서 가장 나쁘다.
   (is, bad, of the three)
   → Her score _____.

8. 나는 우리 반에서 책을 가장 적게 갖고 있다.
   (have, little, books, in my class)
   → I _____.

9. 이것은 모든 것 중에서 최고의 게임이다.
   (is, good, game, of all)
   → This _____.

10. 오늘은 일년 중 가장 나쁜 날씨다.
    (is, bad, weather, of the year)
    → Today _____.

Key Sentence ▶ **I am older than you.** 나는 너보다 나이가 더 많다.

[비교급의 쓰임]

비교급 + than	A wolf is **bigger than** a cat.	늑대는 고양이보다 더 크다.
more 형/부 + than	This movie is **more interesting than** that one.	이 영화는 저 영화보다 더 재미있다.

★ Writing Practice 1 주어진 단어를 이용하여 문장을 완성하세요. 필요하면 단어를 변형하세요.

1. 토끼는 사자보다 더 작다. (is, small, than, a lion)
→ A rabbit ___is smaller than a lion___.

2. Amy는 Emily보다 더 무겁다. (is, heavy, than, Emily)
→ Amy _____.

3. Jenny는 Ken보다 더 유명하다. (is, famous, than, Ken)
→ Jenny _____.

4. 토요일은 월요일보다 더 바쁘다. (is, busy, than, Monday)
→ Saturday _____.

5. 그녀는 Jim보다 더 나이가 많다. (is, old, than, Jim)
→ She _____.

6. 비행기는 기차보다 더 빠르다. (is, fast, than, a train)
→ A plane _____.

7. Ben은 Max보다 더 용감하다. (is, brave, than, Max)
→ Ben _____.

8. 나는 Christina보다 더 아름답다.
(am, beautiful, than, Christina)
→ I _____.

9. Jake는 Sam보다 더 많은 돈을 갖고 있다.
(has, much money, than, Sam)
→ Jake _____.

10. 이 방은 내 방보다 더 어둡다. (is, dark, than, my room)
→ This room _____.

Key Sentence ▶ **This is** the longest river in the world.
이것은 세계에서 가장 긴 강이다.

[최상급의 쓰임]

the + 최상급 + in/of	This elephant is **the biggest in** the zoo.	이 코끼리는 동물원에서 가장 크다.
the most + 원급 + in/of	She is **the most popular of** my friends.	그녀는 내 친구들 중에서 가장 인기가 많다.

⭐ **Writing Practice 2**   주어진 단어를 이용하여 문장을 완성하세요. 필요하면 단어를 변형하세요.

1. 이 피아노는 세계에서 가장 오래되었다.
   (is, old, in the world)
   → This piano _is the oldest in the world_.

2. 이 식당은 미국에서 가장 크다.
   (is, large, in America)
   → This restaurant _____.

3. 그것은 세계에서 가장 높은 건물이다.
   (is, tall, building, in the world)
   → It _____.

4. 여름은 사계절 중에서 가장 덥다.
   (is, hot, of the four seasons)
   → Summer _____.

5. 이 시계는 그 가게에서 제일 싸다.
   (is, cheap, in the store)
   → This watch _____.

6. 그녀는 소녀들 중에서 가장 아름답다.
   (is, beautiful, of the girls)
   → She _____.

7. John은 내 친구들 중에서 가장 똑똑하다.
   (is, smart, of my friends)
   → John _____.

8. 그녀는 유럽에서 가장 인기있는 모델이다.
   (is, popular, model, in Europe)
   → She _____.

9. 서울은 한국에서 가장 큰 도시이다.
   (is, large, city, in Korea)
   → Seoul _____.

10. 이것은 아시아에서 가장 긴 다리이다.
    (is, long, bridge, in Asia)
    → This _____.

Key Sentence ▶ **I can speak English.** 나는 영어를 말할 수 있다.

[can의 의미]

능력	~할 수 있다	I **can** ride a bike.	나는 자전거를 탈 수 있다.
허가	~해도 좋다	You **can** use my laptop.	너는 내 노트북을 써도 된다.
	~해도 될까요?	**Can** I turn on the light?	제가 불을 켜도 될까요?
요청	~해 주시겠어요?	**Can** you close the window?	창문 좀 닫아주시겠어요?

★ **Writing Practice 1**   주어진 단어를 이용하여 문장을 완성하세요. 필요하면 단어를 변형하세요.

1. 그녀는 피아노를 칠 수 있다. (play, the piano) → She ___can play the piano___.

2. 너는 집에 가도 된다. (go, home) → You _____.

3. Jackson은 빨리 달릴 수 있다. (run, fast) → Jackson _____.

4. 그녀는 나와 함께 여기에 머물러도 된다. (stay, here, with me) → She _____.

5. 물을 좀 마셔도 될까요? (I, drink, some water) → _____.

6. 문 좀 열어주시겠어요? (you, open, the door) → _____.

7. 내 스마트폰을 사용해도 된다. (use, my smartphone) → You _____.

8. 그는 쿠키를 만들 수 있다. (make, cookies) → He _____.

9. 우리 아빠는 내 자전거를 고칠 수 있다. (fix, my bicycle) → My dad _____.

10. 내 개는 그 벽을 뛰어넘을 수 있다. (jump, over, the wall) → My dog _____.

Key Sentence ▶ It may be true. 그것은 사실일지도 모른다.

[may의 의미]

추측	~일지도 모른다	It **may** rain tomorrow.	내일 비가 올지도 모른다.
허가	~해도 좋다	You **may** go home now.	너는 지금 집에 가도 좋다.
	~해도 될까요?	**May** I sit here?	제가 여기 앉아도 될까요?

⭐ Writing Practice 2 주어진 단어를 이용하여 문장을 완성하세요. 필요하면 단어를 변형하세요.

1. 그녀는 피곤할지도 모른다. (is, tired) → She _____ may be tired _____.

2. 너는 탁자 위의 사과를 먹어도 된다. → You _____.
   (eat, the apple, on the table)

3. 그는 많은 돈을 저축할지도 모른다. (save, a lot of, money) → He _____.

4. 저 여자들은 가수일지도 모른다. (are, singers) → Those women _____.

5. 당신의 컴퓨터를 사용해도 될까요? (I, use, your computer) → _____.

6. 여기서 수영해도 될까요? (I, swim, here) → _____.

7. 이것은 그의 것일지도 모른다. (is, his) → This _____.

8. 그녀는 정답을 알지도 모른다. (know, the answer) → She _____.

9. 그는 일찍 올지도 모른다. (come, early) → He _____.

10. 너는 내 양말을 신어도 된다. (wear, my socks) → You _____.

Workbook **33**

Key Sentence ▶ **You must save money.** 너는 돈을 절약해야 한다.

[must의 의미]

의무	~해야 한다	You **must** listen to your teacher.	너는 선생님 말씀을 잘 들어야 한다.
		I **have to** help my mom.	나는 엄마를 도와야 한다.
		She **has to** feed her dog.	그녀는 강아지에게 먹이를 줘야 한다.
추측	~임에 틀림없다	Look at his car. He **must** be rich.	그의 차를 봐. 그는 부자임에 틀림없다.

※ must는 의무와 추측을 나타내며 의무를 나타내는 must는 have(has) to로 바꿔 쓸 수 있어요.

★ Writing Practice 1   주어진 단어를 이용하여 문장을 완성하세요. 필요하면 단어를 변형하세요.

1. 우리는 거실을 청소해야 한다. (clean, the living room)
→ We ___must/have to clean the living room___.

2. 그는 축구선수임에 틀림없다. (is, a soccer player)
→ He _____.

3. 너는 음식을 천천히 먹어야 한다. (eat, food, slowly)
→ You _____.

4. 그들은 학교에서 영어로 말해야 한다.
(speak, English, at school)
→ They _____.

5. 너는 식사 후 이를 닦아야 한다.
(brush, your teeth, after meals)
→ You _____.

6. 그녀는 이번 주말에 공부해야 한다. (study, this weekend)
→ She _____.

7. 그들은 멕시코 사람임에 틀림없다. (are, Mexicans)
→ They _____.

8. 내 강아지는 정말 영리함에 틀림없다. (is, so smart)
→ My dog _____.

9. 너는 오늘 숙제를 끝내야 한다.
(finish, your homework, today)
→ You _____.

10. 너는 줄을 서야 한다. (stand, in line)
→ You _____.

Key Sentence ▶ You should get up early. 너는 일찍 일어나야 한다.

[should의 의미]

| 의무,
충고 | ∼해야 한다
∼하는 게 좋겠다 | You **should** get up early. | 너는 일찍 일어나야 한다. |
| | | You **should** stay home. | 너는 집에 머무는 게 좋겠다. |

※ should는 must보다 약한 의무를 나타내거나 상대방에게 충고를 할 때 써요.

★ **Writing Practice 2**   주어진 단어를 이용하여 문장을 완성하세요. 필요하면 단어를 변형하세요.

1. 너는 선생님 말씀을 들어야 한다.
   (listen, to, your teacher)
   → You ___should listen to your teacher___.

2. 너는 영화표를 더 사는게 좋겠다.
   (buy, more, movie tickets)
   → You _____.

3. 너는 너의 계획을 바꿔야 한다. (change, your plan)
   → You _____.

4. 그는 그의 차를 여기에 주차해야 한다. (park, his car, here)
   → He _____.

5. 학생들은 9시까지 학교에 와야 한다. (are, at school, by 9)
   → Students _____.

6. 아이들은 규칙적으로 잠을 자야 한다. (sleep, regularly)
   → Kids _____.

7. 너는 패스트푸드를 그만 먹어야 한다.
   (stop, eating, fast food)
   → You _____.

8. 너는 나에게 모든 것을 말하는 게 좋겠다.
   (tell, me, everything)
   → You _____.

9. 우리는 미리 호텔을 예약해야 한다.
   (book, the hotel, in advance)
   → We _____.

10. 너는 병원에 가보는 게 좋겠다. (see, a doctor)
    → You _____.

Key Sentence ▶ **I can't play the piano.** 나는 피아노를 칠 수 없다.

[조동사의 부정문]

He	cannot(=can't)	play the piano.	그는 피아노를 칠 수 없다.
	may not	be happy.	그는 행복하지 않을지도 모른다.
	must not	close the door.	그는 문을 닫아서는 안 된다.
	should not	eat junk food.	그는 패스트푸드를 먹지 않는 게 좋겠다.

※ have(has) to의 부정문은 **don't(doesn't) have to**로 쓰고, '~할 필요 없다'라는 의미를 나타내요.

★ Writing Practice 1 　주어진 단어를 이용하여 문장을 완성하세요. 필요하면 단어를 변형하세요.

1. 나는 자전거를 탈 수 없다. (ride, a bicycle)
→ I ___cannot/can't ride a bicycle___.

2. 나는 그녀의 연설을 이해할 수 없다.
(understand, her speech)
→ I _____.

3. 그는 나의 얼굴을 기억하지 못할지도 모른다.
(remember, my face)
→ He _____.

4. Jane은 지금 배가 안 고플지도 모른다. (is, hungry, now)
→ Jane _____.

5. 너는 런던으로 이사 갈 필요가 없다. (move, to London)
→ You _____.

6. 우리는 밤에 커피를 마셔서는 안 된다.
(drink, coffee, at night)
→ We _____.

7. 너는 너무 많이 먹지 않는 게 좋겠다. (eat, too much)
→ You _____.

8. 우리는 오늘 시장에 갈 필요가 없다.
(go, to the market, today)
→ We _____.

9. 너는 여기에서 길을 건너서는 안 된다. (cross, the road, here)
→ You _____.

10. 그는 나의 영어 선생님이 아닐지도 모른다.
(is, my English teacher)
→ He _____.

Key Sentence ▶ May I use your computer? 네 컴퓨터를 사용해도 되니?

[조동사의 의문문]

Can you	play the guitar?	너는 기타를 칠 수 있니?
May I	open the window?	내가 창문을 열어도 되니?
Should I	leave now?	내가 지금 떠나는 게 좋겠니?
Do I	have to water the flowers?	내가 꽃에 물을 줘야 하니?

※ 조동사의 의문문에 대한 답은 "Yes, 주어 + 조동사.", "No, 주어 + 조동사 + not."으로 해요.

⭐ Writing Practice 2   주어진 단어를 이용하여 문장을 완성하세요. 필요하면 단어를 변형하세요.

1. 나를 거기에 데려다 줄 수 있니? (take, me, there) → __Can__ you __take me there__ ?

2. 네 노트북을 써도 되니? (use, your laptop) → _____ I _____ ?

3. 여기 잠깐 올 수 있니? (come, here, for a minute) → _____ you _____ ?

4. 내가 주문을 받아도 되니? (take, your order) → _____ I _____ ?

5. Matt가 그것을 다시 시도해야 하니? (try, it, again) → _____ Matt _____ ?

6. 우리가 규칙을 지키는게 좋겠니? (follow, the rules) → _____ we _____ ?

7. Danial이 Joshua를 기다려야 하니? (wait, for Joshua) → _____ Daniel _____ ?

8. 우리가 지금 연습하는 게 좋겠니? (practice, now) → _____ we _____ ?

9. 그는 샌드위치를 만들 수 있니? (make, a sandwich) → _____ he _____ ?

10. 지금 TV를 봐도 되니? (watch, TV, now) → _____ I _____ ?

★ ★ ★

Key Sentence ▶ **Who is the man?** 그 남자는 누구니?

[who의 쓰임]

'누구, 누구를'이라는 뜻으로 사람에 대해 물어볼 때 써요.

| Who | is | the girl | ? | 그 소녀는 누구니? |
| She | is | my sister | . | 그녀는 내 여동생이야. |

★ **Writing Practice 1**   주어진 단어를 이용하여 문장을 완성하세요. 필요하면 단어를 변형하세요.

1. A : _____Who is_____ your father? (Who, be)   누가 너의 아빠니?

   B : That man _____is my father_____. (be, my father)   저 남자가 나의 아빠야.

2. A : _____ the girl? (Who, be)   그 소녀는 누구니?

   B : She _____. (be, my sister)   그녀는 나의 여동생이야.

3. A : _____ he help? (Who, do)   그는 누구를 돕니?

   B : He _____. (help, his mother)   그는 그의 엄마를 도와.

4. A : _____ you like? (Who, do)   너는 누구를 좋아하니?

   B : I _____. (like, her)   나는 그녀를 좋아해.

5. A : _____ those men? (Who, be)   저 남자들은 누구니?

   B : They _____. (be, new, employees)   그들은 새 직원들이야.

Key Sentence ▶ **What is his job?** 그의 직업은 무엇이니?

[what의 쓰임]

'무엇, 무엇을'이라는 뜻으로 무엇인지 물어볼 때 써요.

| What | is | his name | ? | 그의 이름은 무엇이니? |

| His name | is | Paul | . | 그의 이름은 Paul이야. |

★ **Writing Practice 2** 주어진 단어를 이용하여 문장을 완성하세요. 필요하면 단어를 변형하세요.

1. **A** : _____What are_____ those? (What, be)   저것들은 무엇이니?

   B : They _____are glass beads_____. (be, glass beads)   그것들은 유리 구슬이야.

2. **A** : _____ they do on Sunday? (What, do)   그들은 일요일에 무엇을 하니?

   B : They _____. (go, to church)   그들은 교회에 가.

3. **A** : _____ she learn? (What, do)   그녀는 무엇을 배우니?

   B : She _____. (learn, ballet)   그녀는 발레를 배워.

4. **A** : _____ she want for Christmas? (What, do)   그녀는 크리스마스에 무엇을 원하니?

   B : She _____. (want, a laptop)   그녀는 노트북을 원해.

5. **A** : _____ your favorite food? (What, be)   네가 가장 좋아하는 음식은 뭐니?

   B : My favorite food _____. (be, pasta)   내가 가장 좋아하는 음식은 파스타야.

> **Key Sentence** ▶ **When** is your birthday?　네 생일은 언제니?

[when과 where의 쓰임]

때	**When** is her birthday?	그녀의 생일은 언제니?
	When do you get up?	너는 언제 일어나니?
장소	**Where** are you?	너는 어디에 있니?
	Where do you live?	너는 어디에 사니?

※ when은 시간이나 날짜, where는 장소를 물을 때 사용해요.

★ Writing Practice 1　주어진 단어를 이용하여 문장을 완성하세요. 필요하면 단어를 변형하세요.

1. 서점은 어디에 있니? (be, a bookstore)
→ ___Where is a bookstore?___

2. 그녀는 언제 TV를 보니? (do, watch, TV)
→ _____ she _____?

3. 너의 부모님은 어디에 사시니? (do, live)
→ _____ your parents _____?

4. 그녀의 결혼식은 언제니? (be, wedding ceremony)
→ _____ her _____?

5. 주차장은 어디에 있니? (be, the parking lot)
→ _____

6. 그 골프 경기는 언제 시작하니? (do, begin)
→ _____ the golf game _____?

7. 그는 어디에서 점심을 먹니? (do, eat, lunch)
→ _____ he _____?

8. 다음 직원 회의는 언제니? (be, staff meeting)
→ _____ the next _____?

9. 그 박물관은 어디에 있니? (be, the museum)
→ _____

10. Jessie는 언제 산책을 하니? (do, take a walk)
→ _____ Jessie _____?

Key Sentence ▶ **How are your parents?** 네 부모님은 어떠시니?

[how와 why의 쓰임]

상태	**How** is your steak?	너의 스테이크는 어떠니?
방법	**How** do you go there?	너는 어떻게 거기에 가니?
이유	**Why** are you happy?	너는 왜 행복하니?
	Why do you like Tom?	너는 왜 Tom을 좋아하니?

※ how는 상태나 방법을, why는 이유를 물을 때 사용해요.

★ Writing Practice 2   주어진 단어를 이용하여 문장을 완성하세요. 필요하면 단어를 변형하세요.

1. 오늘 날씨는 어떠니? (be, the weather, today) → ___How is the weather today?___

2. 그는 왜 설탕이 필요하니? (do, need, sugar) → _____ he _____ ?

3. 그녀는 왜 슬프니? (be, sad) → _____ she _____ ?

4. 너는 어떻게 거기에 가니? (do, get, there) → _____ you _____ ?

5. 네 새 집은 어떠니? (be, new house) → _____ your _____ ?

6. 너는 왜 그 영화를 보니? (do, see, the movie) → _____ you _____ ?

7. 너의 아빠는 왜 그렇게 바쁘시니? (be, so, busy) → _____ your father _____ ?

8. 이 병을 어떻게 열어야 하니? (do, open, this bottle) → _____ I _____ ?

9. 그는 왜 영어를 배우니? (do, learn, English) → _____ he _____ ?

10. 너는 어떻게 학교에 가니? (do, go, to school) → _____ you _____ ?

★ ★ ★

Key Sentence ▶ Who **is he?** 그는 누구니?

[be동사 의문문의 쓰임]

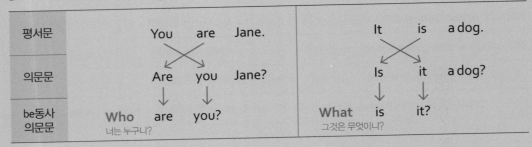

평서문	You are Jane.
의문문	Are you Jane?
be동사 의문문	**Who** are you? 너는 누구니?

평서문	It is a dog.
의문문	Is it a dog?
be동사 의문문	**What** is it? 그것은 무엇이니?

★ Writing Practice 1 　주어진 단어를 이용하여 문장을 완성하세요. 필요하면 단어를 변형하세요.

1. 너의 부모님은 어떻게 지내시니? (be, doing)
   → <u>How are</u> your parents <u>doing</u> ?

2. 네가 가장 좋아하는 색깔은 무엇이니? (be, favorite color)
   → _____ your _____ ?

3. 저 방에 있는 여자들은 누구니? (be, in the room)
   → _____ those women _____ ?

4. 너의 영어 시험은 언제니? (be, English test)
   → _____ your _____ ?

5. 너의 안경은 어디에 있니? (be, glasses)
   → _____ your _____ ?

6. 그는 왜 화가 났니? (be, angry)
   → _____ he _____ ?

7. 그의 생일은 언제니? (be, birthday)
   → _____ his _____ ?

8. 공공 도서관은 어디에 있니? (be, library)
   → _____ the public _____ ?

9. 그녀는 왜 행복하니? (be, happy)
   → _____ she _____ ?

10. 너의 여동생은 어떠니? (be, sister)
    → _____ your _____ ?

Key Sentence ▶ **What do you like?** 너는 무엇을 좋아하니?

[일반동사 의문문의 쓰임]

평서문		He	needs	a pen.			You	like	Paul.
의문문	Does	he	need	a pen?		Do	you	like	Paul?
일반동사 의문문	What	does	he	need?	Who	do	you	like?	

그는 무엇을 필요로 하니?   너는 누구를 좋아하니?

★ Writing Practice 2   주어진 단어를 이용하여 문장을 완성하세요. 필요하면 단어를 변형하세요.

1. 너는 점심으로 무엇을 먹니? (do, eat, for lunch) → ___What do___ you ___eat for lunch___ ?

2. 너는 누구를 존경하니? (do, respect) → _____ you _____ ?

3. 그들은 어디에 사니? (do, live) → _____ they _____ ?

4. 그 가게는 언제 여니? (do, open) → _____ the store _____ ?

5. 너는 왜 고양이를 좋아하니? (do, like, cats) → _____ you _____ ?

6. 은행에 어떻게 가야 하니? (do, get, to the bank) → _____ I _____ ?

7. 그는 그 가게에서 무엇을 하니? (do, do, at the store) → _____ he _____ ?

8. 그녀는 언제 돌아오니? (do, come, back) → _____ she _____ ?

9. 너는 무엇을 원하니? (do, want) → _____ you _____ ?

10. 그는 어디에 그의 책을 보관하니? (do, keep, his books) → _____ he _____ ?

★ ★ ★

Key Sentence ▶ **He is at the bus stop.** 그는 버스 정류장에 있다.

[장소의 크기에 따른 전치사]

at	비교적 좁은 장소 공항, 극장 등 구체적인 지점	at the airport, at the theater, at the station, at the door, at home, at school
in	비교적 넓은 장소, 장소의 내부 도시, 국가, 건물의 내부	in Seoul, in the city, in America in the station, in the car, in the classroom

★ **Writing Practice 1** 주어진 단어를 이용하여 문장을 완성하세요. 필요하면 단어를 변형하세요.

1. 나의 삼촌은 뉴욕에 산다. (lives, New York)
→ My uncle _____lives in New York_____.

2. 쇼핑몰 안에 서점이 있다. (is, a bookstore, the mall)
→ There _____.

3. 많은 나무들이 내 정원에 있다. (are, my garden)
→ Many trees _____.

4. 거실에 소파가 있다. (is, a sofa, the living room)
→ There _____.

5. 체육관에 누가 있니? (is, the gym)
→ Who _____?

6. 나의 엄마는 지금 집에 안 계신다. (is not, home, now)
→ My mom _____.

7. 그들은 공항에서 일한다. (work, the airport)
→ They _____.

8. 그는 종종 강에서 수영을 한다. (often, swims, the river)
→ He _____.

9. 나의 아빠는 지금 서울역에 계신다. (is, Seoul Station, now)
→ My father _____.

10. 그는 도서관에서 공부한다. (studies, the library)
→ He _____.

Key Sentence ▶ The cat is on the box. 그 고양이는 상자 위에 있다.

[장소의 위치에 따른 전치사]

on	(표면에 닿은 채로) ~ 위에	on the box
under	~ 아래에	under the box
in front of	~의 앞에	in front of the box
behind	~의 뒤에	behind the box
next to	~의 옆에	next to the box
over	(표면에 닿지 않고) ~ 위에	over the box

★ Writing Practice 2   주어진 단어를 이용하여 문장을 완성하세요. 필요하면 단어를 변형하세요.

1. 벽에 시계가 있다. (is, a clock, the wall)

   → There _____ is a clock on the wall _____.

2. 한 소녀가 벤치 뒤에 있다. (is, the bench)

   → A girl _____.

3. 침대 밑에 상자 두 개가 있다. (are, two boxes, the bed)

   → There _____.

4. Lisa는 내 옆에 앉지 않는다. (doesn't, sit, me)

   → Lisa _____.

5. 강 위에 다리가 있다. (is, a bridge, the river)

   → There _____.

6. Mick은 항상 침대 위에서 잔다. (always, sleeps, the bed)

   → Mick _____.

7. 차고 앞에 자동차 두 대가 있다. (are, two cars, the garage)

   → There _____.

8. 그 건물 뒤에 카페가 있다. (is, a café, the building)

   → There _____.

9. 네 시계는 식탁 위에 있다. (is, the table)

   → Your watch _____.

10. 그것은 도서관 옆에 있다. (is, the library)

    → It _____.

Key Sentence ▶ **The concert starts at 6.** 그 콘서트는 6시에 시작한다.

[시점을 나타내는 전치사]

at	구체적인 시각, 시점	at six, at nine o'clock, at noon, at night, at lunch, at sunset
on	요일, 날짜, 특정한 날	on Saturday, on May 5th, on my birthday, on Sunday morning, on Christmas Day
in	하루의 일부, 월, 연도, 계절	in the morning, in the afternoon, in the evening, in October, in winter, in 2018

★ Writing Practice 1　주어진 단어를 이용하여 문장을 완성하세요. 필요하면 단어를 변형하세요.

1. 그녀는 아침에 조깅을 한다. (goes, jogging, the morning)
→ She _goes jogging in the morning_.

2. 나는 토요일에 공원에 간다. (go, to the park, Saturday)
→ I _____.

3. 그 경기는 5시에 시작한다. (starts, 5 o'clock)
→ The game _____.

4. 나는 목요일에 수학 수업이 있다.
(have, a math class, Thursday)
→ I _____.

5. 우리는 항상 봄에 캠핑을 간다.
(always, go camping, spring)
→ We _____.

6. 그녀는 저녁에 산책을 한다. (takes, a walk, the evening)
→ She _____.

7. 그 가게는 9시에 문을 닫는다. (closes, 9:00)
→ The shop _____.

8. 나의 부모님은 새벽에 일어나신다. (get up, dawn)
→ My parents _____.

9. 나는 9월에 시험이 있다. (have, a test, September)
→ I _____.

10. 그는 그의 생일에 스키를 타러 간다.
(goes, skiing, his birthday)
→ He _____.

Key Sentence ▶ **I take a nap after lunch.** 나는 점심식사 후 낮잠을 잔다.

[시간 관계를 나타내는 전치사]

for + 숫자	~ 동안	for two hours, for three months, for five years
during + 특정 사건 및 행사	~ 동안	during the vacation, during the semester, during the summer
after	~ 후에	after school, after two hours, after lunch
before	~ 전에	before the test, before spring, before dinner

★ **Writing Practice 2** 주어진 단어를 이용하여 문장을 완성하세요. 필요하면 단어를 변형하세요.

1. 그는 10분 동안 샤워를 한다.
   (takes, a shower, 10 minutes)
   → He __takes a shower for 10 minutes__.

2. 나는 여름방학 동안 유럽에 간다.
   (go, to Europe, the summer vacation)
   → I _____.

3. 그는 방과 후 축구를 한다. (plays, soccer, school)
   → He _____.

4. 나는 식사 전에 손을 씻는다. (wash, my hands, meals)
   → I _____.

5. 나는 하루에 3시간 동안 TV를 본다.
   (watch, TV, 3 hours, a day)
   → I _____.

6. 나는 겨울방학 동안 스키를 타러 간다.
   (go, skiing, the winter vacation)
   → I _____.

7. 그녀는 3일 동안 휴가를 간다.
   (takes, a vacation, three days)
   → She _____.

8. 그들은 방과 후 해변에 간다. (go, to the beach, school)
   → They _____.

9. 봄 이전에는 눈이 많이 온다. (snows, a lot, spring)
   → It _____.

10. 그는 축제기간 동안 맥주를 즐긴다.
    (enjoys, beer, the festival)
    → He _____.

★ ★ ★

Key Sentence ▶ **My cat often climbs up the ladder.**
나의 고양이는 종종 사다리 위로 올라간다.

[방향 전치사의 종류 1]

up	~ 위쪽으로	climb up the ladder
down	~ 아래쪽으로	down the stairs
into	~ 안으로	into the doghouse
out of	~ 밖으로	out of the doghouse

★ **Writing Practice 1**　주어진 단어를 이용하여 문장을 완성하세요. 필요하면 단어를 변형하세요.

1. 많은 사람들이 경기장 밖으로 나온다. (come, the stadium) → Many people _come out of the stadium_.

2. 그 식당은 길 아래쪽에 있다. (is, the street) → The restaurant _____.

3. 그는 교실 안으로 달려간다. (runs, the classroom) → He _____.

4. 나는 물 아래로 잠수할 수 있다. (can dive, the water) → I _____.

5. 그녀는 매일 언덕을 오른다. (climbs, the hill, every day) → She _____.

6. 그는 그릇에 약간의 물을 넣는다.
(puts, some water, the bowl) → He _____.

7. Jane은 계단을 내려간다. (goes, the stairs) → Jane _____.

8. 그는 방 안으로 들어간다. (enters, the room) → He _____.

9. 그녀는 주머니에서 돈을 좀 꺼낸다.
(takes, some money, her pocket) → She _____.

10. 그는 주말마다 산에 오른다.
(climbs, the mountain, every weekend) → He _____.

Key Sentence ▶

The cat runs across the road.
그 고양이는 길을 가로질러 달린다.

[방향 전치사의 종류 2]

across	~을 가로질러	across the road
along	~을 따라서	along the river
through	~을 통과하여	through the hoop
to	~쪽으로	to the house

★ **Writing Practice 2**   주어진 단어를 이용하여 문장을 완성하세요. 필요하면 단어를 변형하세요.

1. 그는 들판을 가로질러 걸어간다. (walks, the field)
   → He ____walks across the field____.

2. 그녀는 한국으로 돌아온다. (returns, Korea)
   → She _____.

3. 그들은 해변을 따라 걷는다. (walk, the shore)
   → They _____.

4. 그 강은 시내를 통과하여 흐른다. (runs, the city)
   → The river _____.

5. 나는 매일 강을 따라 조깅한다. (jog, the river, every day)
   → I _____.

6. Sam은 차로 나를 공항으로 데려다준다.
   (drives, me, the airport)
   → Sam _____.

7. 도로 건너편에 은행이 있다. (is, a bank, the street)
   → There _____.

8. 그녀는 창문을 통해 밖을 내다본다.
   (looks, outside, the window)
   → She _____.

9. 나는 강을 가로질러 수영할 수 있다. (can, swim, the river)
   → I _____.

10. 그의 사무실은 길 건너편에 있다. (is, the street)
    → His office _____.

MEMO

서술형 문제로 개념 잡는
THE GRAMMAR SPY

진짜
초등 영문법 ①

WORDBOOK

예문사

📖 외운 단어에 ✅ 표시하세요.

01. ☐ **cage**
(명) 우리

Are there five tigers in the **cage**?
호랑이 다섯 마리가 우리 안에 있니?

02. ☐ **helicopter**
(명) 헬리콥터

There are five **helicopters**.
헬리콥터 다섯 대가 있다.

03. ☐ **bone**
(명) 뼈

A baby has 300 **bones**.
아기는 삼백 개의 뼈를 갖고 있다.

04. ☐ **exam**
(명) 시험

I take three **exams** today.
나는 오늘 세 개의 시험을 본다.

05. ☐ **dentist**
(명) 치과의사

My parents are **dentists**.
나의 부모님은 치과의사이시다.

06. ☐ **receive**
(동) 받다

She **receives** a bat.
그녀는 한 개의 야구 방망이를 받는다.

07. ☐ **bring**
(동) 가져오다

I **bring** two boxes.
나는 두 개의 상자를 가져온다.

08. ☐ **aunt**
(명) 이모, 숙모, 고모

I talk with four **aunts**.
나는 네 명의 이모와 이야기한다.

09. ☐ **tank**
(명) 수조

10 fish are in the **tank**.
물고기 열 마리가 수조 안에 있다.

10. ☐ **idea**
(명) 아이디어, 생각

You have a good **idea**!
정말 좋은 생각이야!

11. ☐ **bottle**
(명) 병

I make six **bottles** of strawberry jam.
나는 딸기잼 여섯 병을 만든다.

12. ☐ **bar**
(명) (막대기 모양의) 덩어리

A **bar** of gold is in the bag.
금 한 덩어리가 가방 안에 있다.

13. ☐ **tuna**
(명) 참치

My mom buys five cans of **tuna**.
나의 엄마는 참치 캔 다섯 개를 산다.

14. ☐ **roll**
(명) 롤

There is a **roll** of tape in the drawer.
서랍에 테이프 한 롤이 있다.

15. ☐ **toilet**
(명) 화장실

He brings three rolls of **toilet** paper.
그는 세 개의 화장실 휴지를 가져온다.

📖 외운 단어에 ☑ 표시하세요.

16.	**corn** 명 옥수수	I make a bowl of **corn** soup. 나는 옥수수 수프 한 그릇을 만든다.
17.	**melt** 동 녹이다	I **melt** two bars of chocolate. 나는 초콜릿 두 덩어리를 녹인다.
18.	**cereal** 명 시리얼	I buy five boxes of **cereal**. 나는 시리얼 다섯 상자를 산다.
19.	**put** 동 넣다	He **puts** sugar in his coffee. 그는 커피에 설탕을 넣는다.
20.	**drawer** 명 서랍, 서랍장	There aren't eight spoons in the **drawer**. 서랍에 숟가락 여덟 개가 없다.
21.	**closet** 명 옷장	There are two black skirts in the **closet**. 옷장 안에 검정 치마 두 벌이 있다.
22.	**bookshelf** 명 책장	Are there five notebooks on the **bookshelf**? 책장에 공책 다섯 권이 있니?
23.	**jar** 명 병, 항아리, 단지	There are many stones in the **jar**. 병 안에 많은 돌이 있다.
24.	**fridge** 명 냉장고	There aren't many lemons in the **fridge**. 냉장고 안에 많은 레몬이 없다.
25.	**beach** 명 해변	There are ten **beaches** in this island. 이 섬에는 열 개의 해변이 있다.
26.	**cupboard** 명 찬장	There aren't green cups in the **cupboard**. 찬장 안에 초록색 컵들이 없다.
27.	**crowd** 명 군중	Are there many **crowds** in the square? 많은 군중이 광장에 있니?
28.	**playground** 명 놀이터	There are five children in the **playground**. 놀이터에 아이 다섯 명이 있다.
29.	**lake** 명 호수	They are in the **lake**. 그들은 호수 안에 있다.
30.	**pond** 명 연못	There are six fish in the **pond**. 연못 안에 물고기 여섯 마리가 있다.

✎ 다음 단어를 보고 알맞은 우리말 뜻을 쓰세요.

01. cage

02. helicopter

03. fridge

04. beach

05. cupboard

06. crowd

07. playground

08. bookshelf

09. jar

10. bone

11. pond

12. idea

13. bottle

14. cereal

15. put

16. drawer

17. closet

18. bar

19. tuna

20. exam

21. dentist

22. receive

23. bring

24. aunt

25. tank

26. toilet

27. roll

28. corn

29. melt

30. lake

✏️ 다음 우리말 뜻을 보고 알맞은 단어를 쓰세요.

01. 연못		16. 병	
02. 병, 항아리, 단지		17. 이모, 숙모, 고모	
03. 옥수수		18. 책장	
04. 냉장고		19. 녹이다	
05. 서랍, 서랍장		20. 참치	
06. 넣다		21. 수조	
07. 군중		22. 우리	
08. 찬장		23. 뼈	
09. 해변		24. (막대기 모양의) 덩어리	
10. 시리얼		25. 시험	
11. 아이디어, 생각		26. 치과의사	
12. 옷장		27. 받다	
13. 헬리콥터		28. 롤	
14. 화장실		29. 놀이터	
15. 가져오다		30. 호수	

📖 외운 단어에 ✅ 표시하세요.

01. ☐	**street** ⑲ 거리	Jenny walks along the **street**. Jenny는 거리를 따라 걷는다.
02. ☐	**discussion** ⑲ 토의, 토론	Luke and I have a **discussion**. Luke와 나는 토의를 한다.
03. ☐	**talk** ⑧ 말하다	Chris and Tom **talk** on the phone. Chris와 Tom은 전화로 말한다.
04. ☐	**fish** ⑧ 낚시하다	She and I go **fishing**. 그녀와 나는 낚시하러 간다.
05. ☐	**sell** ⑧ 팔다	You and he **sell** books. 너와 그는 책을 판다.
06. ☐	**glad** ⑲ 기쁜	Nick is **glad**. Nick은 기쁘다.
07. ☐	**invite** ⑧ 초대하다	You **invite** me and Logan. 너는 나와 Logan을 초대한다.
08. ☐	**heat up** 데우다	Logan **heats up** the meat and vegetables. Logan은 고기와 채소를 데운다.
09. ☐	**exercise** ⑧ 운동하다	My mom and dad **exercise** every day. 우리 엄마와 아빠는 매일 운동한다.
10. ☐	**understand** ⑧ 이해하다	He and she **understand** my decision. 그와 그녀는 나의 결정을 이해한다.
11. ☐	**decision** ⑲ 결정	He and she understand my **decision**. 그와 그녀는 나의 결정을 이해한다.
12. ☐	**bank** ⑲ 은행	She works at the **bank**. 그녀는 은행에서 일한다.
13. ☐	**museum** ⑲ 박물관	He works at the **museum**. 그는 박물관에서 일한다.
14. ☐	**kilometer** ⑲ 킬로미터	It is 10 **kilometers** from here. 여기서부터 10킬로미터이다.
15. ☐	**cloudy** ⑲ 흐린	It's **cloudy**. 흐리다.

📖 외운 단어에 ☑ 표시하세요.

16. ☐	**minute** ⑲ 분	It takes 10 **minutes**. 10분이 걸린다.
17. ☐	**date** ⑲ 날짜, 연월일, 일	What's the **date** today? 오늘은 며칠이니?
18. ☐	**today** ⑲ 오늘	What's the weather like **today**? 오늘 날씨는 어떠니?
19. ☐	**sunny** ⑱ 맑은	It is **sunny** today. 오늘은 날씨가 맑다.
20. ☐	**cost** ⑧ 비용이 들다	It **costs** 6,000 dollars. 6,000 달러가 든다.
21. ☐	**get** ⑧ 도착하다	How long does it take to **get** to the library? 도서관에 도착하는 데 시간이 얼마나 걸리니?
22. ☐	**foggy** ⑱ 안개가 낀	It is very **foggy** outside. 밖에 안개가 많이 꼈다.
23. ☐	**husband** ⑲ 남편	Jake is my **husband**. Jake는 나의 남편이다.
24. ☐	**expensive** ⑱ (값이) 비싼	Those cakes are **expensive**. 저 케이크들은 비싸다.
25. ☐	**backpack** ⑲ 배낭, (등에 메는) 가방	It's a red **backpack**. 그것은 빨간 배낭이다.
26. ☐	**poor** ⑱ (생활이) 어려운, 가난한	His mother helps **poor** people. 그의 어머니는 어려운 사람들을 돕는다.
27. ☐	**people** ⑲ 사람들	His mother helps poor **people**. 그의 어머니는 어려운 사람들을 돕는다.
28. ☐	**windy** ⑱ 바람이 부는	It is **windy** today. 오늘은 바람이 분다.
29. ☐	**bracelet** ⑲ 팔찌	It's her **bracelet**. 그것은 그녀의 팔찌이다.
30. ☐	**colleague** ⑲ 동료	You are my **colleagues**. 너희들은 나의 동료이다.

✎ 다음 단어를 보고 알맞은 우리말 뜻을 쓰세요.

01. street

16. minute

02. discussion

17. date

03. fish

18. today

04. sell

19. expensive

05. glad

20. backpack

06. invite

21. poor

07. talk

22. people

08. bank

23. sunny

09. museum

24. cost

10. kilometer

25. get

11. heat up

26. foggy

12. exercise

27. husband

13. understand

28. windy

14. decision

29. bracelet

15. cloudy

30. colleague

✐ 다음 우리말 뜻을 보고 알맞은 단어를 쓰세요.

01. 운동하다

02. (생활이) 어려운, 가난한

03. 흐린

04. 거리

05. 팔찌

06. 동료

07. 박물관

08. 바람이 부는

09. 결정

10. 킬로미터

11. 이해하다

12. 날짜, 연월일, 일

13. 사람들

14. 분

15. 배낭, (등에 메는) 가방

16. 토의, 토론

17. 데우다

18. 은행

19. 초대하다

20. (값이) 비싼

21. 남편

22. 말하다

23. 안개가 낀

24. 낚시하다

25. 팔다

26. 기쁜

27. 오늘

28. 맑은

29. 비용이 들다

30. 도착하다

📖 외운 단어에 ☑ 표시하세요.

01. ☐	**athlete** ⑲ 운동선수	He is an **athlete**. 그는 운동선수이다.
02. ☐	**grade** ⑲ 학년	Amanda and I are in 6ᵗʰ **grade**. Amanda와 나는 6학년이다.
03. ☐	**restaurant** ⑲ 레스토랑, 음식점	We are at the Chinese **restaurant**. 우리는 중국 음식점에 있다.
04. ☐	**bathroom** ⑲ 화장실	Mike is in the **bathroom**. Mike는 화장실에 있다.
05. ☐	**bank teller** ⑲ 은행 직원, 은행원	I am a **bank teller**. 나는 은행원이다.
06. ☐	**now** ⑨ 지금	I don't have a key **now**. 나는 지금 키가 없다.
07. ☐	**player** ⑲ 선수	She is the best **player**. 그녀는 최고의 선수다.
08. ☐	**airport** ⑲ 공항	He is at the **airport**. 그는 공항에 있다.
09. ☐	**grandfather** ⑲ 할아버지	My **grandfather** is not in the park. 나의 할아버지는 공원에 있지 않다.
10. ☐	**architect** ⑲ 건축가	I am not an **architect**. 나는 건축가가 아니다.
11. ☐	**tired** ⑲ 피곤한, 지친	Jim is **tired**. Jim은 피곤하다.
12. ☐	**fur** ⑲ 털	A raccoon usually has long brown **fur** on its body. 너구리는 보통 긴 갈색 털을 가지고 있다.
13. ☐	**round** ⑲ 둥근	Its **round** head is broad. 그것의 둥근 머리는 널찍하다.
14. ☐	**hunt** ⑤ 사냥하다	He goes **hunting**. 그는 사냥하러 간다.
15. ☐	**racket** ⑲ 라켓	I hit the ball with a **racket**. 나는 라켓으로 공을 쳤다.

📖 외운 단어에 ☑ 표시하세요.

16. ☐	**town** ⑲ 마을	The train arrives in our **town**. 열차가 우리 마을에 도착한다.
17. ☐	**science** ⑲ 과학	I teach **science**. 나는 과학을 가르친다.
18. ☐	**ocean** ⑲ 바다	Do they swim in the **ocean**? 그들은 바다에서 수영하니?
19. ☐	**university** ⑲ 대학교	Jon's wife works at the **university**. Jon의 부인은 대학교에서 일한다.
20. ☐	**gate** ⑲ 문	They close the **gates**. 그들은 문을 닫는다.
21. ☐	**necklace** ⑲ 목걸이	He doesn't have her **necklace**. 그는 그녀의 목걸이를 가지고 있지 않다.
22. ☐	**homework** ⑲ 숙제	Does she print out her **homework**? 그녀는 그녀의 숙제를 인쇄하니?
23. ☐	**hang** ⑧ 걸다	He **hangs** his coat on a hook. 그는 그의 코트를 옷걸이에 건다.
24. ☐	**scientist** ⑲ 과학자	She is a **scientist**. 그녀는 과학자이다.
25. ☐	**boring** ⑱ 지루한	The movies are **boring**. 그 영화들은 지루하다.
26. ☐	**musician** ⑲ 음악가	I am not a **musician**. 나는 음악가가 아니다.
27. ☐	**history** ⑲ 역사	She studies **history**. 그녀는 역사를 공부한다.
28. ☐	**English** ⑲ 영어	We teach **English**. 우리는 영어를 가르친다.
29. ☐	**river** ⑲ 강	The girls catch fish in the **river**. 그 소녀들은 강에서 물고기를 잡는다.
30. ☐	**puppy** ⑲ 강아지	These aren't my **puppies**. 이것들은 나의 강아지가 아니다.

✎ 다음 단어를 보고 알맞은 우리말 뜻을 쓰세요.

01. **athlete**

02. **restaurant**

03. **bathroom**

04. **player**

05. **airport**

06. **grandfather**

07. **architect**

08. **grade**

09. **bank teller**

10. **now**

11. **scientist**

12. **boring**

13. **musician**

14. **history**

15. **English**

16. **river**

17. **puppy**

18. **tired**

19. **fur**

20. **round**

21. **hunt**

22. **racket**

23. **town**

24. **science**

25. **ocean**

26. **university**

27. **gate**

28. **necklace**

29. **homework**

30. **hang**

✎ 다음 우리말 뜻을 보고 알맞은 단어를 쓰세요.

01. 학년

16. 바다

02. 목걸이

17. 운동선수

03. 걸다

18. 문

04. 마을

19. 대학교

05. 숙제

20. 강

06. 공항

21. 영어

07. 지루한

22. 역사

08. 할아버지

23. 화장실

09. 라켓

24. 건축가

10. 과학자

25. 피곤한, 지친

11. 강아지

26. 은행 직원,
은행원

12. 레스토랑,
음식점

27. 둥근

13. 음악가

28. 사냥하다

14. 과학

29. 지금

15. 선수

30. 털

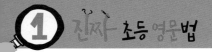

📖 외운 단어에 ✅ 표시하세요.

01. ☐	**warm** ⒣ 따뜻한	It's **warm** inside. 안에는 따뜻하다.
02. ☐	**inside** ⒡ 내부. 안쪽. 안에	It's warm **inside**. 안에는 따뜻하다.
03. ☐	**visit** ⒱ 방문하다	I sometimes **visit** lonely elderly people. 나는 때때로 외로운 노인들을 방문한다.
04. ☐	**elderly** ⒣ 나이가 지긋한	I sometimes visit lonely **elderly** people. 나는 때때로 외로운 노인들을 방문한다.
05. ☐	**oily** ⒣ 기름기가 많은	I have **oily** skin. 나는 기름기가 많은 피부를 가지고 있다.
06. ☐	**friendly** ⒣ 친근한	Cats are **friendly** animals. 고양이들은 친근한 동물이다.
07. ☐	**smelly** ⒣ 냄새가 나는	Owls are **smelly**. 올빼미들은 냄새가 난다.
08. ☐	**comfortable** ⒣ 편안한	This sofa is very **comfortable**. 이 소파는 매우 편안하다.
09. ☐	**volunteer** ⒱ 자원봉사 하다	**Volunteering** makes our world better. 자원봉사는 우리의 세계를 더 좋게 만든다.
10. ☐	**world** ⒨ 세계	Volunteering makes our **world** better. 자원봉사는 우리의 세계를 더 좋게 만든다.
11. ☐	**annoying** ⒣ 성가신	He is so **annoying**. 그는 너무 성가시다.
12. ☐	**lovely** ⒣ 사랑스러운	My cousin is so **lovely**. 나의 사촌 동생은 정말 사랑스럽다.
13. ☐	**jaw** ⒨ 턱	That cat has a small **jaw**. 저 고양이는 작은 턱을 가지고 있다.
14. ☐	**alive** ⒣ 살아있는. 생기 넘치는	They are **alive**! 그들은 살아 있다!
15. ☐	**sour** ⒣ 신	He wants **sour** potato soup. 그는 신 감자 수프를 원한다.

📖 외운 단어에 ✅ 표시하세요.

16.	shout ⑧ 소리치다	He shouts loudly. 그는 크게 소리친다.
17.	rub ⑧ 문지르다	I rub my face gently. 나는 내 얼굴을 부드럽게 문지른다.
18.	closely ⑨ 가까이, 밀접하게, 바짝	He looks into the toy closely. 그는 그 장난감을 가까이서 살펴본다.
19.	look into ~을 조사하다, 살펴보다	He looks into the toy closely. 그는 그 장난감을 가까이서 살펴본다.
20.	softly ⑨ 부드럽게	He always talks softly. 그는 항상 부드럽게 말한다.
21.	build ⑧ 건축하다	The woman carefully builds a building. 그 여자는 신중하게 빌딩을 짓는다.
22.	return ⑧ 반납하다, 돌아오다	Return books to librarians. 책은 사서에게 반납하세요.
23.	week ⑨ 일주일	He watches a movie once a week. 그는 일주일에 한 번 영화를 본다.
24.	weigh ⑧ 무게가 나가다	How much does the fly weigh? 그 파리의 무게는 얼마나 나가니?
25.	grain ⑨ 알갱이, 낟알	How big is a grain of sand? 모래 알갱이는 얼마나 크니?
26.	young ⑨ 젊은, 어린	He is a young scientist. 그는 젊은 과학자이다.
27.	daughter ⑨ 딸	My daughter always eats food. 나의 딸은 항상 음식을 먹는다.
28.	desert ⑨ 사막	It never rains in the desert. 사막에는 결코 비가 내리지 않는다.
29.	gym ⑨ 체육관	He goes to the gym twice a year. 그는 일 년에 두 번 체육관에 간다.
30.	take a shower 샤워하다	He takes a shower once a day. 그는 하루에 한 번 샤워를 한다.

✏️ 다음 단어를 보고 알맞은 우리말 뜻을 쓰세요.

01. week		16. smelly	
02. weigh		17. comfortable	
03. grain		18. volunteer	
04. warm		19. closely	
05. inside		20. world	
06. visit		21. annoying	
07. return		22. lovely	
08. young		23. jaw	
09. daughter		24. alive	
10. desert		25. sour	
11. gym		26. shout	
12. take a shower		27. rub	
13. elderly		28. look into	
14. oily		29. softly	
15. friendly		30. build	

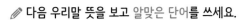

다음 우리말 뜻을 보고 알맞은 단어를 쓰세요.

01. 내부, 안쪽, 안에

16. 사막

02. 살아있는, 생기 넘치는

17. 반납하다, 돌아오다

03. 세계

18. 딸

04. 친근한

19. ~을 조사하다, 살펴보다

05. 턱

20. 젊은, 어린

06. 사랑스러운

21. 소리치다

07. 편안한

22. 건축하다

08. 방문하다

23. 기름기가 많은

09. 부드럽게

24. 문지르다

10. 성가신

25. 알갱이, 낱알

11. 신

26. 나이가 지긋한

12. 자원봉사 하다

27. 무게가 나가다

13. 체육관

28. 냄새가 나는

14. 가까이, 밀접하게, 바짝

29. 따뜻한

15. 샤워하다

30. 일주일

① 진짜 초등 영문법

📖 외운 단어에 ☑ 표시하세요.

01. ☐	**interesting** 웹 재미있는	This fantasy novel is the most interesting of these books. 이 공상 소설은 이 책들 중에서 가장 재미있다.
02. ☐	**fantasy** 웹 공상	This fantasy novel is the most interesting of these books. 이 공상 소설은 이 책들 중에서 가장 재미있다.
03. ☐	**novel** 웹 소설	This fantasy novel is the most interesting of these books. 이 공상 소설은 이 책들 중에서 가장 재미있다.
04. ☐	**mystery** 웹 추리 소설	Fantasy novels are more boring than mysteries. 공상 소설은 추리 소설보다 지루하다.
05. ☐	**thick** 웹 두꺼운	This book is thicker than that one. 이 책은 저 책보다 두껍다.
06. ☐	**large** 웹 큰	China is larger than Finland. 중국은 핀란드보다 크다.
07. ☐	**table tennis** 웹 탁구	Table tennis is more enjoyable than football. 탁구는 축구보다 더 재미있다.
08. ☐	**enjoyable** 웹 즐거운	Table tennis is more enjoyable than football. 탁구는 축구보다 더 재미있다.
09. ☐	**dangerous** 웹 위험한	A rhino is the most dangerous animal in the world. 코뿔소는 세계에서 가장 위험한 동물이다.
10. ☐	**runner** 웹 육상선수	I am the fastest runner in the world. 나는 세계에서 가장 빠른 육상선수이다.
11. ☐	**country** 웹 나라	Russia is the coldest country in the world. 러시아는 세계에서 가장 추운 나라이다.
12. ☐	**season** 웹 계절	Summer is the hottest of the four seasons. 여름은 4계절 중에서 가장 덥다.
13. ☐	**planet** 웹 행성	Mercury is the smallest planet in the solar system. 수성은 태양계에서 가장 작은 행성이다.
14. ☐	**solar system** 웹 태양계	Mercury is the smallest planet in the solar system. 수성은 태양계에서 가장 작은 행성이다.
15. ☐	**kind** 웹 친절한	He is the kindest of my friends. 그는 내 친구들 중에서 가장 친절한 사람이다.

📖 외운 단어에 ✔ 표시하세요.

16.	**waterfall** 명 폭포	This waterfall is the largest in Laos. 이 폭포는 라오스에서 가장 크다.
17.	**important** 형 중요한	This issue is much more important than that one. 이 문제는 저것보다 훨씬 더 중요하다.
18.	**wide** 형 (폭이) 넓은	This is the widest road in my country. 이 길은 우리나라에서 가장 넓은 길이다.
19.	**health** 명 건강	Fast food is worse for health than fruit. 패스트푸드는 과일보다 건강에 더 나쁘다.
20.	**fishing rod** 명 낚싯대	This fishing rod is longer than mine. 이 낚싯대는 내 것보다 길다.
21.	**butterfly** 명 나비	This spider is bigger than that butterfly. 이 거미는 저 나비보다 크다.
22.	**yesterday** 부 어제	Today is warmer than yesterday. 오늘은 어제보다 더 따뜻하다.
23.	**difficult** 형 어려운	This question is more difficult than that question. 이 문제는 저 문제보다 더 어렵다.
24.	**taste** 동 맛이 나다	This pasta tastes better than that one. 이 파스타는 저것보다 더 맛있다.
25.	**popular** 형 인기 있는	This song is the most popular these days. 이 노래는 요즘 가장 인기 있다.
26.	**poet** 명 시인	She is the greatest poet in the world. 그녀는 세계에서 가장 위대한 시인이다.
27.	**careful** 형 조심스러운	He is the most careful in my class. 그는 우리 반에서 가장 조심성이 있다.
28.	**honest** 형 정직한	James is the most honest of them. James는 그들 중 가장 정직하다.
29.	**famous** 형 유명한	He is the most famous singer in Canada. 그는 캐나다에서 가장 유명한 가수이다.
30.	**bridge** 명 다리	This is the longest bridge in Asia. 이것은 아시아에서 가장 긴 다리이다.

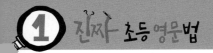

🖉 다음 단어를 보고 알맞은 우리말 뜻을 쓰세요.

01. interesting		16. poet	
02. difficult		17. careful	
03. mystery		18. season	
04. thick		19. planet	
05. large		20. solar system	
06. table tennis		21. kind	
07. taste		22. waterfall	
08. famous		23. important	
09. bridge		24. wide	
10. fantasy		25. health	
11. novel		26. fishing rod	
12. enjoyable		27. popular	
13. dangerous		28. honest	
14. runner		29. butterfly	
15. country		30. yesterday	

✎ 다음 우리말 뜻을 보고 알맞은 단어를 쓰세요.

01. 공상

16. 위험한

02. 나라

17. 건강

03. 계절

18. 낚싯대

04. 친절한

19. 탁구

05. 폭포

20. 큰

06. 나비

21. 다리

07. 맛이 나다

22. 유명한

08. 중요한

23. 즐거운

09. 어려운

24. 소설

10. 행성

25. 정직한

11. 재미있는

26. 추리 소설

12. 태양계

27. 두꺼운

13. 육상선수

28. 인기 있는

14. 어제

29. 시인

15. (폭이) 넓은

30. 조심스러운

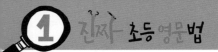

진짜 초등 영문법

📖 외운 단어에 ☑ 표시하세요.

01. ☐	**tomorrow** (부) 내일	It may be sunny tomorrow. 내일 날씨가 맑을지도 모른다.
02. ☐	**pick up** 태워 주다	Can you pick me up at the restaurant? 나를 음식점 앞에서 태워줄 수 있니?
03. ☐	**win** (동) 타다, 우승하다	You may win a prize. 너가 상을 탈지도 모른다.
04. ☐	**prize** (명) 상	You may win a prize. 너가 상을 탈지도 모른다.
05. ☐	**machine** (명) 기계	Sarah can fix any machine. Sarah는 어떤 기계든지 고칠 수 있다.
06. ☐	**rock climb** (동) 암벽 등반하다	She can rock climb. 그녀는 암벽 등반을 할 수 있다.
07. ☐	**brush** (동) 닦다, 솔질을 하다	You have to brush your teeth after meals. 너는 식사를 한 후 이를 닦아야 한다.
08. ☐	**by oneself** 스스로, 혼자서	I can brush my teeth by myself. 나는 스스로 이를 닦을 수 있다.
09. ☐	**leave** (동) 남기다	May I leave a message? 제가 메시지를 남겨도 될까요?
10. ☐	**finish** (동) 마치다, 끝내다	I must finish my chores by 7 p.m. 나는 집안일을 오후 7시까지 끝내야 한다.
11. ☐	**look after** 돌봐주다, 보살피다	I have to look after my dog. 나는 나의 개를 돌봐야만 한다.
12. ☐	**wear** (동) 입다	I have to wear a uniform. 나는 유니폼을 입어야 한다.
13. ☐	**uniform** (명) 제복, 유니폼	I have to wear a uniform. 나는 유니폼을 입어야 한다.
14. ☐	**practice** (동) ~을 연습하다, 훈련하다	She should practice playing the drums every day. 그녀는 매일 드럼 연습을 해야 한다.
15. ☐	**engineer** (명) 기술자, 엔지니어	He may not be an engineer. 그는 기술자가 아닐지도 모른다.

22

📖 외운 단어에 ☑ 표시하세요.

16. ☐	**Japanese** ⑲ 일본어	I cannot read Japanese. 나는 일본어를 읽지 못한다.
17. ☐	**take a nap** 낮잠을 자다	He should take a nap. 그는 낮잠을 자야 한다.
18. ☐	**sweep** ⑧ 쓸다	He has to sweep the floor. 그는 바닥을 쓸어야 한다.
19. ☐	**floor** ⑲ 바닥, 마루	He has to sweep the floor. 그는 바닥을 쓸어야 한다.
20. ☐	**pianist** ⑲ 피아니스트	He may not be a pianist. 그는 피아니스트가 아닐 수도 있다.
21. ☐	**aloud** ⑨ 큰 소리로	Beth should read a book aloud. Beth는 큰 소리로 책을 읽어야 한다.
22. ☐	**send** ⑧ 보내다	She should send him a gift. 그녀는 그에게 선물을 보내야 한다.
23. ☐	**Spanish** ⑲ 스페인어	I cannot read Spanish. 나는 스페인어를 읽을 수 없다.
24. ☐	**stay** ⑧ 머무르다, 지내다	She can stay here with me. 그녀는 나와 함께 여기에 머물 수 있다.
25. ☐	**meal** ⑲ 식사, 음식	You have to brush your teeth after meals. 너는 식사를 한 후 이를 닦아야 한다.
26. ☐	**stand** ⑧ 서다, 서 있다	You must stand in line. 너는 줄을 서야 한다.
27. ☐	**ticket** ⑲ 승차권, 표	You should buy more movie tickets. 너는 영화 표를 더 사야 한다.
28. ☐	**in advance** 미리, 사전에	We should book the hotel in advance. 우리는 미리 호텔을 예약해야 한다.
29. ☐	**cross** ⑧ 건너다, 횡단하다	You must not cross the road. 너는 길을 건너지 말아야 한다.
30. ☐	**for a minute** 잠깐, 잠시 동안	Can you come here for a minute? 잠깐 여기에 와줄 수 있니?

✏️ 다음 단어를 보고 알맞은 우리말 뜻을 쓰세요.

01. uniform		16. ticket	
02. practice		17. sweep	
03. engineer		18. floor	
04. rock climb		19. pianist	
05. brush		20. aloud	
06. tomorrow		21. send	
07. pick up		22. Spanish	
08. win		23. stay	
09. prize		24. meal	
10. by oneself		25. machine	
11. leave		26. look after	
12. finish		27. wear	
13. Japanese		28. in advance	
14. take a nap		29. cross	
15. stand		30. for a minute	

🖉 다음 우리말 뜻을 보고 알맞은 단어를 쓰세요.

01. 기계

16. 바닥, 마루

02. 낮잠을 자다

17. 제복, 유니폼

03. 보내다

18. 피아니스트

04. 암벽 등반하다

19. 쏠다

05. 기술자,
엔지니어

20. 스스로, 혼자서

06. 식사, 음식

21. 입다

07. 서다, 서 있다

22. 닦다,
솔질을 하다

08. 승차권, 표

23. ~을 연습하다,
훈련하다

09. 미리, 사전에

24. 내일

10. 잠깐, 잠시 동안

25. 돌봐주다,
보살피다

11. 건너다,
횡단하다

26. 남기다

12. 스페인어

27. 마치다, 끝내다

13. 큰 소리로

28. 태워 주다

14. 일본어

29. 타다, 우승하다

15. 머무르다,
지내다

30. 상

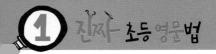

📖 외운 단어에 ☑ 표시하세요.

01. ☐	**technician** 명 기술자	He is a new **technician**. 그는 새 기술자다.
02. ☐	**miss** 동 그리워하다	Who does she **miss**? 그녀는 누구를 그리워하니?
03. ☐	**graduation** 명 졸업	When is your **graduation** ceremony? 너의 졸업식은 언제니?
04. ☐	**ceremony** 명 식, 의식	When is your graduation **ceremony**? 너의 졸업식은 언제니?
05. ☐	**farmers market** 명 농산물 시장	Where is the **farmers market**? 농산물 시장이 어디에 있니?
06. ☐	**worried** 형 걱정하고 있는	Why are you **worried**? 너는 왜 걱정하니?
07. ☐	**Finnish** 명 핀란드어	Why do you learn **Finnish**? 너는 왜 핀란드어를 배우니?
08. ☐	**problem** 명 문제	What is the **problem**? 문제가 무엇이니?
09. ☐	**hometown** 명 고향	Where is your **hometown**? 너의 고향은 어디니?
10. ☐	**walk** 동 산책시키다	She **walks** her dog. 그녀는 그녀의 개를 산책시킨다.
11. ☐	**travel** 동 여행하다, 여행가다	Where do they usually **travel**? 그들은 보통 어디로 여행을 가니?
12. ☐	**mean** 동 (~의 뜻으로) 말하다, 나타내다	What do you **mean**? 그게 무슨 말이니?
13. ☐	**cell phone** 명 핸드폰	What is your **cell phone** number? 너의 핸드폰 번호가 뭐니?
14. ☐	**number** 명 숫자, 번호	What is your cell phone **number**? 너의 핸드폰 번호가 뭐니?
15. ☐	**address** 명 주소	What is your home **address**? 너의 집 주소가 뭐니?

📖 외운 단어에 ☑️ 표시하세요.

16.	church ⑲ 교회	Where is the church? 교회는 어디에 있니?
17.	jog ⑧ 조깅하다, 뛰다	Where do you go jogging? 너는 어디로 조깅하러 가니?
18.	employee ⑲ 직원	They are new employees. 그들은 새 직원들이다.
19.	glass ⑲ 유리로 만든, 유리의	They are glass beads. 그것들은 유리 구슬이다.
20.	bead ⑲ 구슬	They are glass beads. 그것들은 유리 구슬이다.
21.	ballet ⑲ 발레	She learns ballet. 그녀는 발레를 배운다.
22.	wedding ⑲ 결혼	When is her wedding ceremony? 그녀의 결혼식은 언제니?
23.	parking lot ⑲ 주차장	Where is the parking lot? 주차장은 어디에 있니?
24.	staff ⑲ 직원	When is the next staff meeting? 다음 직원 회의는 언제니?
25.	meeting ⑲ 회의	When is the next staff meeting? 다음 직원 회의는 언제니?
26.	take a walk 산책하다	When does Jessie take a walk? Jessie는 언제 산책을 하니?
27.	color ⑲ 색, 색깔	What is your favorite color? 네가 가장 좋아하는 색깔은 무엇이니?
28.	respect ⑧ 존경하다	Who do you respect? 너는 누구를 존경하니?
29.	come back 돌아오다	When does she come back? 그녀는 언제 돌아오니?
30.	keep ⑧ 보관하다	Where does he keep his books? 그는 어디에 그의 책을 보관하니?

✎ 다음 단어를 보고 알맞은 우리말 뜻을 쓰세요.

01. problem

02. hometown

03. walk

04. address

05. church

06. ballet

07. wedding

08. parking lot

09. staff

10. meeting

11. take a walk

12. technician

13. miss

14. graduation

15. ceremony

16. farmers market

17. worried

18. Finnish

19. jog

20. employee

21. glass

22. travel

23. mean

24. cell phone

25. number

26. bead

27. color

28. respect

29. come back

30. keep

✎ 다음 우리말 뜻을 보고 알맞은 단어를 쓰세요.

01. 핀란드어

02. 문제

03. 고향

04. 산책시키다

05. (~의 뜻으로) 말하다, 나타내다

06. 핸드폰

07. 여행하다, 여행가다

08. 기술자

09. 그리워하다

10. 졸업

11. 식, 의식

12. 발레

13. 결혼

14. 주차장

15. 직원

16. 회의

17. 농산물 시장

18. 산책하다

19. 색, 색깔

20. 존경하다

21. 돌아오다

22. 걱정하고 있는

23. 숫자, 번호

24. 주소

25. 교회

26. 조깅하다, 뛰다

27. 돌아오다

28. 보관하다

29. 유리로 만든, 유리의

30. 구슬

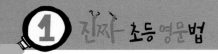

📖 외운 단어에 ✅ 표시하세요.

01. ☐	**Argentina** 명 아르헨티나	I want to live in **Argentina**. 나는 아르헨티나에서 살고 싶다.
02. ☐	**diary** 명 일기장	My **diary** is on the table. 나의 일기장은 탁자 위에 있다.
03. ☐	**live** 동 산다	Tina **lives** in London. Tina는 런던에서 산다.
04. ☐	**baggage** 명 수화물, 짐, 가방	I put my **baggage** behind the bookshelf. 나는 나의 짐가방을 책장 뒤에 둔다.
05. ☐	**castle** 명 성	The princess lives in the **castle**. 공주는 성 안에서 산다.
06. ☐	**fly** 동 날다, 날아다니다	Butterflies **fly** over the flowers. 나비들은 꽃 위를 날아다닌다.
07. ☐	**frame** 명 액자	There are **frames** on the wall. 액자들이 벽에 걸려 있다.
08. ☐	**come over** 놀러오다	**Come over** to my house! 우리 집에 놀러 와!
09. ☐	**sunrise** 명 해돋이	I get up at **sunrise**. 나는 해 뜰 때에 일어난다.
10. ☐	**special** 형 특별한	We eat **special** dishes on Thanksgiving Day. 우리 추수감사절에 특별한 음식을 먹는다.
11. ☐	**dish** 명 음식	We eat special **dishes** on Thanksgiving Day. 우리 추수감사절에 특별한 음식을 먹는다.
12. ☐	**begin** 동 시작하다	The first class **begins** at 9 a.m. 첫 번째 수업이 오전 9시에 시작한다.
13. ☐	**appointment** 명 예약	I have an **appointment** with a dentist on Thursday. 나는 목요일에 치과 진료 예약이 있다.
14. ☐	**field trip** 명 학교 소풍, 학교 여행	There is a school **field trip** before the vacation. 방학 전에 학교 소풍이 있다.
15. ☐	**park** 동 주차하다	He **parks** his car across the road. 그는 도로 건너편에 차를 주차한다.

📖 외운 단어에 ✔️ 표시하세요.

16.	**road** ⑲ 길	He parks his car across the road. 그는 도로 건너편에 차를 주차한다.
17.	**creep** ⑧ 기어가다	Spiders creep down the wall. 거미들은 벽을 타고 기어 내려온다.
18.	**slide** ⑧ 미끄러지다	I slide down the mountain. 나는 산을 미끄러져 내려온다.
19.	**throw** ⑧ 던지다	He throws the ball to the door. 그는 문 쪽으로 공을 던진다.
20.	**tunnel** ⑲ 터널	We drive through the tunnel. 우리는 터널을 통과해서 운전한다.
21.	**cork** ⑲ 코르크 마개	The cork doesn't come out of the bottle. 그 코르크 마개는 병에서 나오지 않는다.
22.	**ladder** ⑲ 사다리	Bill goes up the ladder. Bill은 사다리 위로 올라간다.
23.	**treasure** ⑲ 보물상자	He puts the treasure box on the tree. 그는 나무 위에 보물상자를 놓았다.
24.	**path** ⑲ 길	Children march along the path. 아이들은 길을 따라 행진한다.
25.	**anniversary** ⑲ 기념일	Our wedding anniversary is on July 1st. 우리의 결혼기념일은 7월 1일이다.
26.	**get out of** 나가다, 나오다	She gets out of the tree house. 그녀는 오두막 집에서 나온다.
27.	**arrive** ⑧ 도착하다	She arrives at school at 8:50. 그녀는 8시 50분에 학교에 도착한다.
28.	**garage** ⑲ 차고	There are two cars in front of the garage. 차고 앞에 자동차 두 대가 있다.
29.	**stadium** ⑲ 경기장	Many people come out of the stadium. 많은 사람이 경기장 밖으로 나온다.
30.	**field** ⑲ 들판	He walks across the field. 그는 들판을 가로질러 걸어간다.

✐ 다음 단어를 보고 알맞은 우리말 뜻을 쓰세요.

01. cork		16. sunrise	
02. ladder		17. special	
03. treasure		18. anniversary	
04. path		19. dish	
05. get out of		20. begin	
06. arrive		21. appointment	
07. garage		22. field trip	
08. Argentina		23. park	
09. diary		24. road	
10. live		25. creep	
11. baggage		26. slide	
12. castle		27. throw	
13. fly		28. tunnel	
14. frame		29. stadium	
15. come over		30. field	

✎ 다음 우리말 뜻을 보고 알맞은 단어를 쓰세요.

01. 날다,
    날아다니다

02. 액자

03. 놀러오다

04. 해돋이

05. 특별한

06. 아르헨티나

07. 도착하다

08. 경기장

09. 들판

10. 차고

11. 산다

12. 시작하다

13. 예약

14. 학교 소풍,
    학교 여행

15. 길

16. 주차하다

17. 기어가다

18. 음식

19. 수화물, 짐, 가방

20. 보물상자

21. 길

22. 기념일

23. 나가다, 나오다

24. 성

25. 미끄러지다

26. 던지다

27. 터널

28. 코르크 마개

29. 사다리

30. 일기장

MEMO *

진짜
초등 영문법 ①

★★★   ★★
서술형 문제로 개념 잡는
THE GRAMMAR SPY Series

● 초등 필수 영문법을 마스터하고 중학 내신 대비를 동시에
● 서술형 맛보기로 서술형 시험과 수행평가 완벽 대비
● 자기주도적 학습을 위한 친절한 해설

Basic 1 2	Advanced 1 2